古代歷史文化 研究輯刊

三二編

王明蓀 主編

第 22 冊

美術史視野中的遼代琥珀研究
——以陳國公主墓為中心

田亦陽 著

國家圖書館出版品預行編目資料

美術史視野中的遼代琥珀研究——以陳國公主墓為中心／田
亦陽 著 -- 初版 -- 新北市：花木蘭文化事業有限公司，2024
〔民 113〕
目 4+180 面；19×26 公分
（古代歷史文化研究輯刊 三二編；第 22 冊）
ISBN 978-626-344-885-8（精裝）
1.CST：古墓 2.CST：琥珀 3.CST：出土文物 4.CST：遼代
618   113009490

ISBN-978-626-344-885-8

古代歷史文化研究輯刊
三二編 第二二冊   ISBN：978-626-344-885-8

美術史視野中的遼代琥珀研究
——以陳國公主墓為中心

作　　者　田亦陽
主　　編　王明蓀
總 編 輯　杜潔祥
副總編輯　楊嘉樂
編輯主任　許郁翎
編　　輯　潘玟靜、蔡正宣　美術編輯　陳逸婷
出　　版　花木蘭文化事業有限公司
發 行 人　高小娟
聯絡地址　235 新北市中和區中安街七二號十三樓
　　　　　電話：02-2923-1455／傳真：02-2923-1452
網　　址　http://www.huamulan.tw 信箱 service@huamulans.com
印　　刷　普羅文化出版廣告事業
初　　版　2024 年 9 月
定　　價　三二編 28 冊（精裝）新台幣 84,000 元

美術史視野中的遼代琥珀研究
——以陳國公主墓為中心

田亦陽　著

作者簡介

田亦陽，女，1994年生人，籍貫黑龍江省黑河市，目前於中國社會科學院大學攻讀歷史學博士學位，碩士就讀於中央美術學院人文學院，並取得藝術學理論碩士學位，當前研究領域涉及遼代歷史與美術考古等方面。

提　　要

　　陳國公主墓出土的琥珀製品，其種類、質量、數量在現已發掘的遼代墓葬中均數上乘，是研究遼代出土琥珀的突破口。本書以遼代出土琥珀及其製品作為切入點，重新梳理遼代出土的琥珀材料。在分類別研究的基礎上，總結和詳細分析其題材、使用功能、工藝技術及其多種材質組合的使用方式；討論其在當時被裝飾、使用及製作的歷史語境，並涉及其所具體呈現的物質及視覺特徵。遼代出土琥珀中蘊藏的不僅有宏觀上契丹人對其身份、地位、民族、宗教信仰的認識，也在細節中體現了契丹人在日常生活與喪葬活動中，對琥珀製品的實用性與裝飾性的平衡和轉換。不僅如此，遼代琥珀的材質、工藝和紋飾等也體現了不同民族、地域及政權之間思想、藝術與文化的互動和傳播，其中凝聚的複雜多元的工藝、技術和文化觀念，集中呈現出遼代出土琥珀所象徵的，契丹人的精神文化與審美內涵，展現出動態的歷史與文化變遷。

目次

第一章 引 言

　　契丹是我國古代北方的游牧民族，自晚唐而始，契丹民族日漸興盛，916年，遼太祖耶律阿保機建契丹國，建元神冊，其子耶律德光改國號為遼。隨著疆域的擴張與移民的進入，遼朝建立五京，逐步走向定居的城市生活。盛期的遼朝疆域廣闊，其南接北宋，西鄰西夏，並在較長的歷史時期之內與北宋和西夏形成了三國鼎立的局勢。契丹統治者主張因俗而治，開創了兩院制的政治體制，經濟上則並重農、牧業，與此同時，手工業與商業也各有發展。而在政治、經濟制度不斷完善之際，遼朝的文化與藝術也形成了繁榮發展的局面。遼墓中出土有大量材質豐富、造型精美的文物遺跡，具有很高的藝術價值，在這其中，琥珀製品即為典型一例。

　　琥珀是一種樹脂化石，產於煤層之中，形成至少需要幾千萬年的漫長時光。石化後的琥珀是一種有機質礦物，顏色從蠟黃至紅褐、透明至不透明者皆有，呈樹脂光澤，其優質者作為有機質寶石，常常被製作成為首飾、裝飾品等。大量考古材料顯示，墓葬中有琥珀隨葬的情況古而有之：至早有四川廣漢三星堆一號祭祀坑中所出土的 1 枚蟬紋琥珀墜飾；[註1] 漢唐時期也出土有一定數量的琥珀製品，類別以飾品為主；及至遼代，墓葬中出土琥珀製品的數量大增，不僅形式多樣，並且整體工藝較為精美。遼王朝滅亡後，琥珀製品的出土數量則驟然減少。一種材料在較短的歷史時期內湧現而出的情況，是較為引人注目的，這其中，遼陳國公主墓出土的琥珀製品則尤為突出。

〔註1〕四川省文物考古研究所：《三星堆祭祀坑》，北京：文物出版社，1999 年，第117～118 頁（或第 124 頁）。

　　1986 年發掘的陳國公主墓位於內蒙古自治區通遼市奈曼旗青龍山鎮的斯布格圖村，是遼代中期的上層貴族墓葬，等級較高，保存較為完好，出土隨葬品數量龐大。尤為引人注目的是，出土於墓室內屍床之上的各類有琥珀材料參與的陪葬品，數量多達 34 件（組／副），〔註 2〕製作極其精美且消耗的琥珀材料體量較大。不僅如此，這些琥珀製品的形制及裝飾題材的種類十分多樣，顯示出琥珀對於墓主及遼代貴族所具有的特殊吸引力。然而，圍繞遼代上層貴族對琥珀的喜好，專門且深入的相關研究卻有待豐富，尤其是陳國公主墓所出土琥珀製品的特殊性，值得進一步發掘與分析。

　　遼自耶律阿保機建國而始，歷經五朝，及至遼聖宗登基，已然發展成為一個十分龐大的封建帝國，其政權也漸漸穩定下來。聖宗在位期間，遼的軍事、政治、經濟、文化等方面均得到極大發展，國力日益強盛。而據遼陳國公主墓中出土的墓誌顯示，墓主人之一的陳國公主卒於遼聖宗開泰七年（1018 年），去世時年僅十八歲，其出生年代正在遼聖宗統和年間，公主年幼時，遼宋簽訂澶淵之盟（遼聖宗統和二十三年，即 1005 年），迎來了後續百餘年的和平。

　　陳國公主在世短短十八年，遼正值盛世，在這期間，契丹人統治下的階級關係開始緩和，漢人的地位也在提升。宗教信仰方面，聖宗對「道釋二教，皆洞其旨」，〔註 3〕在其一系列鼓勵政策之下，民間佛教信仰盛行，而關於其時遼代的道教雖然記載並不多，但也能從契丹皇族的一些政治活動中尋得蛛絲馬蹟，〔註 4〕以上文化和思想內涵，均能在傳世以及出土文物中找到相對應的表現和反映。商業上，澶淵之盟結成後十數年間，遼宋之間始終保持較為穩定的貿易關係，而更為重要的則是一直以來均較為通暢的，自遼朝太祖執政時期就已經打通的草原絲綢之路上的貿易往來——《遼史·屬國表》中顯示遼太祖元年（907 年）「和州回鶻來貢」，這也是最早的相關記錄之一。〔註 5〕

　　契丹人建國以來，歷代對漠北蒙古諸部和西域部分地區的鎮撫和經略，

〔註 2〕內蒙古自治區文物考古研究所、哲里木盟博物館：《遼陳國公主墓》，北京：文物出版社，1993 年。

〔註 3〕〔南宋〕葉隆禮：《契丹國志》卷 7《聖宗天輔皇帝》，北京：中華書局，2014年，第 81 頁。

〔註 4〕尤李：《道教與遼朝政權合法性的構建》，《中國史研究》2020 年第 1 期，第 80～97 頁。

〔註 5〕〔元〕脫脫等：《遼史》卷 70《屬國表》，北京：中華書局，2016 年，第 1241頁。

保障了漠北傳統草原絲路與西域的商旅交通、宗藩往來的暢通。〔註6〕聖宗
時代，遼國出現了四方來朝的盛世局面。其時阻卜、党項、回鶻、大食、突
厥、吐渾、阿薩蘭回鶻、沙洲回鶻、吐蕃、于闐、師子等國皆有向遼朝貢的
記錄。〔註7〕遼代草原絲路分為北、南兩條線路，〔註8〕北線大致是從遼上
京出發，向西北經過阻卜、烏古、敵烈諸部（即今蒙古境內），繼續西行穿
越沙漠抵達西域諸國。南線大約是起於中京或南京，途經西京，向西越過陰
山河套地區，再北上到達漠北與草原絲路北線匯合。〔註9〕在這條繁盛的道
路上所往來進行貿易活動的不同國家的商人所提供的貿易品涵蓋了金銀器、
玻璃器、珍禽異獸、異木奇花、皮毛製品、帛錦、生活用品等諸多種類，〔註
10〕琥珀自然也是其中的一個類別。如《契丹國志》卷二十一中，即有諸藩
國定期向遼進貢琥珀的記錄。〔註11〕關於琥珀來遼的路線問題，許曉東曾經
發文專門探討過，文中給出了其推測的具體路線，並最終認為遼代的琥珀原
料絕大多數來自波羅的海沿岸國家。〔註12〕但首先，遼代對這一問題的史料
記載十分欠缺，其次，出土材料也並不具有空間和時間上的連續性，故無法
得出十分肯定的結論。

　　遼始終是一個多民族的國家，而草原絲綢之路的暢通，不僅帶動了遼的
商貿發展，也加深了契丹與更多民族之間的羈絆。以回鶻為例，其與契丹的
聯繫相當緊密，回鶻強大之時更是一直控制著契丹。〔註13〕也正是在這一時
期，大量回鶻人進入契丹領地，並且擁有較高的地位和諸多特權。契丹后妃

〔註6〕　魏志江：《論遼帝國對漠北蒙古的經略及其對草原絲綢之路的影響》，《社會科
　　　　　學輯刊》2017 年第 3 期，第 114～121 頁。
〔註7〕　〔元〕脫脫等：《遼史》卷 70《屬國表》，北京：中華書局，2016 年，第 1254
　　　　　～1274 頁。
〔註8〕　項春松：《遼代歷史與考古》，呼和浩特：內蒙古人民出版社，1996 年，第 202
　　　　　頁。
〔註9〕　程嘉靜：《遼代商業研究》，吉林大學博士論文，2015 年，第 124 頁。
〔註10〕　康晨：《草原絲綢之路貿易探究》，《廣西質量監督導報》2020 年第 1 期，第
　　　　　195～197 頁。
〔註11〕　〔南宋〕葉隆禮等：《契丹國志》卷 21《諸小國貢進禮物》，北京：中華書局，
　　　　　2014 年，第 230 頁。
〔註12〕　許曉東：《遼代琥珀來源的探討》，《北方文物》2007 年第 3 期，第 38～44
　　　　　頁。
〔註13〕　〔元〕脫脫等：《遼史》卷 57《儀衛志三》，北京：中華書局，2016 年，第 1015
　　　　　頁：「遙輦氏之世，受印于回鶻。至耶瀾可汗請印於唐，武宗始賜『奉國契丹
　　　　　印』」。

中就有多人出身於回鶻，如耶律阿保機之淳欽皇后述律平，《遼史》中有記載其五世祖糯思是回鶻人，[註14] 而這一看法在學界也已得到相當的認可與論證。[註15] 契丹統治者為接待回鶻的往來商旅，在上京城南門設置了「回鶻營」，[註16] 回鶻商販流量之大可見一斑。粟特與契丹之間也牽絆頗深。唐初之時，粟特移民大批進入營州（今遼寧朝陽）定居，並從事面對周邊游牧民族的貿易活動。營州是當時的政治和經濟中心之一，也是交通樞紐，具有十分重要的戰略地位。自營州通往東北各個民族的交通幹道見諸文獻記載者共有五條，其中第三條幹道的終點就是契丹牙帳。[註17] 待契丹建國之後，粟特人在北方的分布更加廣泛，其中一部分從事貿易活動，也有一部分甚至定居遼國，對契丹產生了較為直接的影響。[註18] 再如遼與大食，二者關係也十分密切，史書中不乏大食向遼朝貢的記載，兩國商貿往來也頗為頻繁。加茲尼王朝是大食帝國領土內分離出來的突厥人國家。[註19] 十一、二世紀中亞馬魯人馬衛集（Shiraf Alzamān Tāhir Marvazī）在其所撰《動物之自然屬性》（"·Tabāyi'al-Haivān"）一書中載錄有契丹皇帝致加茲尼王朝算端的書信，並在信中建議雙方交好，書信末尾注明的時間表明此書寫於鼠兒年，當為遼聖宗太平四年（1024 年）。在遼朝使者攜帶的國書中，遼聖宗還表示希望修建由遼通往加茲尼的道路，以便兩國使者往返。[註20] 這種頻繁的多民族交往，為文化與思想的傳播提供了更為多元的可能性。陳國公主就生活在這樣勃發生機的盛世之中，而其墓中保存有如此之多的琥珀製品，也與時代的特殊性息息相關。

那麼在遼代，琥珀這種材料的來源幾何？《遼史》中關於全盛時期的遼

[註14] 〔元〕脫脫等：《遼史》卷 71《后妃傳》，北京：中華書局，2016 年，第 1319 頁：「太祖淳欽皇后述律氏……其先回鶻人糯思……」。

[註15] 康建國：《淳欽皇后回鶻後裔辯證》，《宋史研究論叢（第 11 輯）》，保定：河北大學出版社，2010 年，第 162～172 頁。

[註16] 〔元〕脫脫等：《遼史》卷 37《地理志一》，北京：中華書局，2016 年，第 499 頁：「南門之東回鶻營，回鶻商販留居上京，置營居之」。

[註17] 張松柏：《敖漢旗李家營子金銀器與唐代營州西域移民》，《北方文物》1993 年第 1 期，第 74～78 頁。

[註18] 王春燕、馮恩學：《遼代金銀器中的西域胡文化因素》，《北方民族考古（第 3 輯）》，北京：科學出版社，2016 年，第 245～253 頁。

[註19] 楊富學、陳愛峰：《遼朝與大食帝國關係考論》，《河北大學學報（哲學社會科學版）》2007 年第 5 期，第 36～39 頁。

[註20] 黃時鑒：《東西交流史論稿》，上海：上海古籍出版社，1998 年，第 15～33 頁。

國疆域記載有：「東自海，西至于流沙，北絕大漠」，〔註21〕「南至白溝」。〔註22〕亦即東北和東部到今鄂霍次克海、日本海和渤海，北及外興安嶺以北的今葉尼塞河上游和貝加爾湖地區，西抵阿爾泰山以西的沙漠地帶，南至今山西、河北兩省中部與北宋對峙。中國史書中記載的琥珀產地有緬甸、大秦與波斯，世界歷史上琥珀的產地則以波羅的海為主。路遙千里，琥珀這種材料幾經輾轉，翻山越嶺到達契丹人手中，其中自有一番艱險。而從材質上來看，琥珀質地較為輕軟且十分易碎，出土所見的遼代琥珀製品與前代的琥珀遺物相比，不僅在數量及製作精細度上有所突破，且在形制類別與雕刻題材上更具有多樣性，這一新面貌背後，技術手段的繼承與創新也值得進行更為深入的探討。作為草原游牧民族的契丹，雖然注重對中原文化制度的吸收且逐步漢化，但北方游牧民族的風俗習慣也一直備受重視，契丹貴族如此鍾愛「琥珀」，其在遼時對契丹人應具有相當特殊的意義，以至於大量琥珀製品最終進入遼代貴族墓葬並且得以保存下來，這種現象背後的文化內涵與思想觀念十分引人深思。

不僅如此，琥珀同時也是歷史中草原絲綢之路上商貿往來、文化交流與民族融合中的一個小小節點。從更為廣闊的視角來看，草原絲綢之路是內陸歐亞歷史文化研究中無法忽視的一部分，也是世界歷史文化研究不可或缺的組成部分。內陸歐亞歷史文化研究的重要性正逐步被揭示，「歐亞大陸世界史」觀念的發展，也是對傳統中國歷史敘事的反思。〔註23〕本世紀以來，歐亞史業已成為學術研究熱點之一，我國更是對該領域的歷史文化研究十分重視，成果眾多。而遼代出土的琥珀也承載了其中一部分相關的歷史記憶。

儘管近年來關於遼代考古的調查、發掘和研究均不斷深化，但囿於其時史料的匱乏以及現存文獻的粗疏，而且關於遼代琥珀藝術方面的研究起步又相對較晚，故與此相關的研究目前仍有所欠缺。由此可見，關於遼代出土的琥珀，其牽涉問題之廣泛，也昭示了以琥珀為主題進行更為深入的挖掘和探討的必要性。而琥珀這種材料所折射出的遼代的物質文化與工藝技術等方面的深層

〔註21〕〔元〕脫脫等：《遼史》卷2《太祖本紀下》，北京：中華書局，2016年，第27頁。

〔註22〕〔元〕脫脫等：《遼史》卷37《地理志一》，北京：中華書局，2016年，第496頁。

〔註23〕〔日〕杉山正明，黃美蓉譯：《游牧民的世界史》，新北：廣場出版社，2013年，第16～22頁。

次問題，也有其進一步探討和思考的必要。以遼代琥珀及其製品作為切入點，探討其在當時被裝飾、使用以及製作的歷史語境，乃至琥珀這一材質種類的飾物和用具所具體呈現的物質及視覺特徵，對於認識遼代工藝美術與物質文化具有特殊的價值與意義。

　　上個世紀初歐洲學者對遼代帝陵的考察，將遼代墓葬考古再度推到臺前，〔註24〕20世紀30年代開始，日本出現一批對於遼代帝陵的調查和研究，其研究成果以材料的介紹、釋讀、測繪、摹寫為主，並業已開始了對契丹文化方面的探討和研究。〔註25〕新中國成立後，考古發掘工作開展，新的遼代墓葬不斷被發掘，其得以再度引起學者們的關注。

　　1982年，王秋華發表《遼代墓葬分區與分期的初探》一文，此文係運用考古學方法對遼代墓葬進行分區和分期的首篇研究論文。作者通過對墓葬形制、出土遺物和壁畫內容的分期，將遼代墓葬分為兩區、三期，並在文中提及了葬俗等問題。對其後遼代墓葬的研究具有十分重要的參考意義。〔註26〕隨後，楊晶在1985年發表的論文《遼墓初探》中也對遼墓的分期、類型、壁畫、葬俗等問題進行了初步探討，並且作者花費了較多筆墨對遼墓中出土較多的陶瓷器進行了分析。〔註27〕在1986年出版的《中國大百科全書·考古學》一卷中編寫有《遼代墓葬》一條，該條目中，徐蘋芳對其時發現的遼代墓葬進行了較為系統的總結和列舉，涉及對遼代墓葬的初步分期，此外，作者還將遼代墓葬中主要出土的隨葬品進行了簡要的介紹，並專門提到了遼

〔註24〕 Mullie, Joseph L. 《Les Anciennes Villes de L'empire des Grands Leao au Royaume Mongol de Bārin》, T'oung Pao, 1922, vol.21, pp.105~231. Mullie, Joseph L. 《Les Sepultures de K'ing des leao》, T'oung Pao, 1933, vol.30, pp.1~25. Kervyn. L, 《Le Tombeau de L'empereur Tao-Tsong(1101)》, Le Bulletin Catholique de Pékin, 1923, vol.118, pp.236~243. Kervyn. L, 《Le Tombeau de L'empereur Tao-Tsong des leao, et les Premières Inscriptions Connues en Écriture K'itan》, T'oung Pao, 1923, vol.22, pp.292~301.

〔註25〕 鳥居龍藏：《遼代の壁畫について》，收入鳥居龍藏、鳥居きみ子：《滿蒙を再び探る》，東京：六文館，1932年，302～350ページ；鳥居龍藏：《考古學上より見たる遼之文化圖譜》3～4冊，東京：東方文化學院東京研究所，1936年；田村実造：《慶陵の壁畫——繪畫·彫飾·陶磁》，京都：同朋舍，1977年。

〔註26〕 王秋華：《遼代墓葬分區與分期的初探》，《遼寧大學學報（哲社版）》，1982年，第3期，第43～46頁。

〔註27〕 楊晶：《遼墓初探》，《北方文物》1985年第4期，第26～32頁（或第23頁）。

代的漢人墓葬。〔註28〕

到了 90 年代，李逸友以遼代的紀年墓為標準，在遼墓分期的基礎上，對遼代墓葬的墓制、葬制分別進行了詳細的探討，其論文對於遼代契丹人墓葬制度的形成原因也有一定認識，指出遼代墓葬制度中既存在契丹人的民族傳統，也創造性地吸收了漢人的喪葬習俗。〔註29〕隨後，馮恩學在其 1995 年完成的博士學位論文《遼墓初探》中，對遼代墓葬進行了系統、深入的分期和斷代，對遼代墓葬的綜合性研究提供了良好的範本。〔註30〕

進入 21 世紀，對於遼墓的研究成果愈加豐碩，董新林在其《遼代墓葬形制與分期略論》一文中，將遼代墓葬的形制和典型遺物進行了排比，在已有研究的基礎上，繼續對遼墓分期和分區的問題進行完善和討論，同時，其對辨別遼墓族屬的問題也提出了意見。〔註31〕劉未在 2004 年發表了以遼墓綜合研究為主題的碩士學位論文，並於 2016 年成書出版，作者以不同的文化群體為劃分標準對遼代墓葬進行討論，對墓葬形制階段性的變化和特點進行了總結，並且試圖通過墓葬來探討遼代的社會變遷情況。〔註32〕2009 年，張帆發表《試談遼代墓葬的研究和對契丹文化的再認識》一文，此文在質疑「漢化模式」的前提條件下，對遼代墓葬考古的學術史進行了重新整理，同時也對以往學者們對遼墓的分區分期研究提出了相應的質疑。〔註33〕

而在墓葬研究成果的基礎之上，還出現了一批以美術史視角為切入點的對遼代墓室壁畫的研究。如 2004 年張鵬發表的博士學位論文《遼墓壁畫研究》，此文以慶東陵遼墓、庫倫遼墓和宣化遼墓三處墓葬中所繪壁畫為中心，研究內容涵蓋了遼代不同階層、不同族屬、不同地域以及不同的傳統，對遼代墓葬和遼代美術史的缺環皆有所填補。〔註34〕2011 年，河北教育出版社出版《中國墓室壁畫全集》，全集以時代劃分為三卷，其中第三卷為宋遼金元時期的考古

〔註28〕 徐蘋芳：《遼代墓葬》，中國大百科全書總編輯委員會編：《中國大百科全書 考古學》，北京、上海：中國大百科全書出版社，1986 年，第 274～276 頁。

〔註29〕 李逸友：《遼代契丹人墓葬制度概說》，內蒙古文物考古研究所編：《內蒙古東部區考古學文化研究文集》，北京：海洋出版社，1991 年，第 80～102 頁。

〔註30〕 馮恩學：《遼墓初探》，吉林大學博士論文，1995 年。

〔註31〕 董新林：《遼代墓葬形制與分期略論》，《考古》2004 年第 8 期，第 62～75 頁。

〔註32〕 劉未：《遼代墓葬的考古學研究》，北京：科學出版社，2016 年。

〔註33〕 張帆：《試談遼代墓葬的研究和對契丹文化的再認識》，《內蒙古文物考古》2009 年第 1 期，第 102～109 頁。

〔註34〕 張鵬：《遼墓壁畫研究》，天津：天津人民美術出版社，2008 年。

發現，收錄了遼代墓室中的壁畫資料近 200 幅。為遼墓的綜合研究和墓室壁畫的專題研究提供了珍貴的資料。〔註35〕此外，近年新出現了一些以地域為範疇的區域性遼代墓葬研究，對遼代墓葬分期分區和地域性特徵都有所深入。不得不提的是，一直持續且於最近取得重大進展的遼祖陵、遼上京城考古及相關研究，也在遼代墓葬研究領域中塗上了濃墨重彩的一筆，是我國遼代考古和歷史研究的又一個里程碑。〔註36〕

　　隨著歷史研究的深入展開，近年來從遼代物質文化方面入手的研究也日趨多見，且更為多樣化與專門化。20 世紀 50 年代末，李文信在《文物參考資料》上發表了《遼瓷簡述》一文，此文書寫了遼代陶瓷研究的序章，對遼瓷研究的意義做出了肯定，並較為詳盡地梳理了當時的考古發現與傳世的遼瓷材料，其研究內容更是涉及遼代陶瓷的工藝、技術、審美等多方面的歷史，也對遼代契丹族的物質文化研究有所助益。〔註37〕1987 年。孫機發表短文《一枚遼代刺鵝錐》，此文深入淺出地將史料與考古出土材料相互印證，將陳國公主墓出土的一件玉柄銀錐嵌入文獻記載之中，有效地考證了其使用方式以及在契丹民族人民生活中所占據的地位，文章雖短小但精悍，是我國遼代物質文化研究史上不可忽視的一環。〔註38〕而伴隨遼墓考古發展而日益豐富的多種材質的出土器物，也無一不是遼代物質文化研究的對象。如 1998 年朱天舒所著《遼代金銀器》，就是以遼代金銀器為主要研究對象的著作，此書從梳理遼代出土金銀器入手，對其進行了較為詳細的考古學分期和分類，並對其從早到晚的演變規律進行分析，作者不僅在書中對遼代金銀器的器形、裝飾工藝和紋樣分別進行了較為詳細的探究和討論，其研究也涉及對遼代金銀器的使用功能及其中所蘊含的文化內涵的探討，是早期較為全面的對遼代金銀器的專門研究。〔註39〕

　　進入 21 世紀後，許曉東於 2003 年出版《遼代玉器研究》一書，本書對遼

〔註35〕張鵬、董新林主編：《中國墓室壁畫全集　宋遼金元》，石家莊：河北教育出版社，2011 年。

〔註36〕董新林、汪盈：《內蒙古巴林左旗遼祖陵一號陪葬墓》，《考古》2016 年第 10 期，第 2～23 頁；董新林：《遼祖陵陵寢制度初步研究》，《考古學報》2020 年第 3 期，第 369～398 頁。

〔註37〕李文信：《遼瓷簡述》，《文物參考資料》1958 年第 2 期，第 10～22 頁。

〔註38〕孫機：《一枚遼代刺鵝錐》，《文物》1987 年第 11 期，第 36～37 頁（或第 101 頁）。

〔註39〕朱天舒：《遼代金銀器》，北京：文物出版社，1998 年。

代玉器的材料進行了較為詳盡的梳理和分類，琥珀材料也夾雜其中，其對廣義的遼代玉器的分類、分期以及形制分析均較為細緻，並且將遼玉與唐代、宋代、金代的玉器分別進行比較，對遼代玉器整體的認識有較大參考價值。〔註40〕彭善國於 2003 年出版《遼代陶瓷的考古學研究》一書，該書是由作者的博士學位論文發展而來。作者於書中系統探討了有關遼代瓷器的工藝、類型、分期等問題，與此同時，也對遼代的外來瓷進行了深入討論，目前仍是較為全面的一部著作。〔註41〕2011 年，張景明出版了《遼代金銀器研究》一書，在分期分類的基礎之上，側重介紹了遼代金銀器的發展歷史，且書中不乏對其造型、文化內涵和社會制度等問題的探討，對遼代草原絲綢之路的經濟、文化等狀況也都有所涉及。〔註42〕值得一提的還有 2014 年張國慶發表的《遼代瀋北地區契丹人物質文化的多元性特徵——以遼墓考古資料為中心》一文，文章著眼於遼代瀋北地區蕭氏后族墓葬考古材料所呈現出的遼代契丹人物質文化的特徵，從中探討文化的固守、交流與融合。〔註43〕最新的研究成果則有 2020 年王春燕出版的《遼代金銀器研究》一書，該書由作者的博士論文發展而來，收錄了目前最為全面的遼代金銀器資料，且對遼代金銀器的體系進行了相對嚴謹的構建，其中對於遼代金銀器出土墓葬的考究、對金銀器的社會性的考察及對金銀器的文化、民族、宗教等多種因素的探討令人耳目一新。〔註44〕

　　在內容紛雜的遼代物質文化研究中囊括了大部分與遼代琥珀相關的研究。圍繞中國境內出土琥珀所展開的考古學研究，早期初步的討論可見於美國漢學家勞費爾（Berthold. Laufer）在 1907 年發表的論文《亞洲琥珀的歷史雜談》，作者引用了多種中國歷代文獻，並初步分析了其中與琥珀相關的內容和歷史上人們對於琥珀的認識。〔註45〕1990 年，陳夏生在《故宮文物月刊》上發表的《溯古話今談寶石——琥珀》一文，則是目前所見最早的一篇將琥珀作

〔註40〕許曉東：《遼代玉器研究》，北京：紫禁城出版社，2003 年。

〔註41〕彭善國：《遼代陶瓷的考古學研究》，長春：吉林大學出版社，2003 年。

〔註42〕張景明：《遼代金銀器研究》，北京：文物出版社，2011 年。

〔註43〕張國慶：《遼代瀋北地區契丹人物質文化的多元性特徵——以遼墓考古資料為中心》，《遼金歷史與考古（第 5 輯）》，瀋陽：遼寧教育出版社，2014 年，第 91～98 頁。

〔註44〕王春燕：《遼代金銀器研究》，北京：科學出版社，2020 年；王春燕：《遼代金銀器研究》，吉林大學博士論文，2015 年。

〔註45〕Laufer, Berthold. "Historical Jottings on Amber in Asia", Memoirs of the American Anthropological Association, vol.1, New York: Kraus Reprint Company. 1964, pp.211~244.

為寶石來探討的文章，其內容以介紹琥珀材料為主，作者將什麼是琥珀、琥珀的種類、琥珀的用途等一一說明，並論及琥珀收藏的要點，是具有科普性質的一篇文章，同時也寥寥幾筆論及琥珀在文獻記載中的情況。〔註46〕

　　中國學術界開始特別注意到琥珀，則始於香港中文大學的學者蘇芳淑（Jenny F. So）在2002年發表的《契丹玉和琥珀雕飾初論》一文，此文也是較早對遼代琥珀進行專門討論研究的論文，文章試圖通過對遼代琥珀飾品的探討，認識契丹人對玉飾的使用習俗和觀念。〔註47〕許曉東於2011年出版了著作《中國古代琥珀藝術》，該書是作者關於遼代琥珀材料研究的集成之作，內容涵蓋了作者的其他幾篇論文，包括博士學位論文。此書以分析遼代琥珀材料為主，對其進行了較為詳盡的梳理和分期、分類。通過分析，作者對遼代琥珀製品中的文化因素進行了初步探討，同時作者也提出了關於波羅的海琥珀傳入遼代的途徑的幾種推測，填補了中國古代琥珀研究方面的一部分空白，雖然其研究內容以材料的梳理和整合為主，還缺乏更加具體和深入的探討，但作者關於中國歷史上琥珀來源的認識十分值得肯定。〔註48〕值得一提的是，2007年，付寧在其博士學位論文《史前至12世紀中國北方地區的東西文化交流——以考古發現為主進行的探討》中，對遼代出土的琥珀器和玉器進行了專門討論，並在前人著作的基礎上對契丹琥珀盛行的原因進行了初步推論。〔註49〕2013年，蘇芳淑再度發表了一篇名為《天香繞梁：中古時代中國的琥珀香》的論文，文中運用了大量中國古代北方出土的琥珀材料，尤其以遼代為主，作者認為琥珀在北方是作為香料被使用的，同時，也簡單探討了琥珀到達遼的路線問題，但於此並無更進一步的突破。〔註50〕此外，2013年耶魯大學的瓦萊麗·漢森（Valerie. Hansen）在其發表於《宋元學刊》上的論文中，也提及了一

〔註46〕陳夏生：《溯古話今談寶石——琥珀》，《故宮文物月刊》1990年總第92期，第4～27頁。

〔註47〕蘇芳淑：《契丹玉和琥珀雕飾初論》，上海博物館編：《中國隋唐至清代玉器學術研討會論文集》，上海：上海古籍出版社，2002年，第237～248頁。

〔註48〕許曉東：《中國古代琥珀藝術》，北京：故宮出版社，2011年；許曉東：《遼代的琥珀工藝》，《北方文物》2003年第4期，第35～42頁；許曉東：《遼代琥珀來源的探討》，《北方文物》2007年第3期，第38～44頁；許曉東：《契丹琥珀藝術研究》，香港中文大學博士論文，2005年。

〔註49〕付寧：《史前至12世紀中國北方地區的東西文化交流——以考古發現為主進行的探討》，內蒙古大學博士論文，2007年。

〔註50〕So , Jenny F. "Scented trails: Amber as aromatic in medieval china", Journal of the Royal Asiatic Society , 2013 , 23 (1) , pp.85～101.

部分關於遼代琥珀和外來商品來源的問題。〔註51〕

最近幾年，則出現了一些對陳國公主墓飾品的專門研究，如張倩《遼代陳國公主、駙馬合葬墓出土的首飾及其文化內涵》一文，文章主要介紹了陳國公主墓出土的頭、耳、項飾和臂飾，文章最後談及材質、製作工藝及文化內涵，關於遼代琥珀的材質，作者認為，陳國公主墓出土的琥珀材料已並非最原本的顏色。〔註52〕2020年，由鄧莉麗、陳錫玲所撰《遼代陳國公主墓出土佩飾中的「盛香器」研究》一文，將陳國公主墓中出土的小部分琥珀製器物納入「盛香器」一類進行研究，但其涵蓋範圍無法覆蓋數量更廣大的相關器物。〔註53〕

考古學的日益發展和歷史學研究視角的逐漸豐富，促進了關於遼代墓葬、美術史、物質文化史等方面更加多樣化、更加深刻的思考，以上所列僅僅是在相關領域中具有代表性的一部分研究，其餘種種，不一而足。

由上可以看出，過往對遼代出土琥珀的研究並不充分，儘管在題材、功能、文化內涵、來源等方面均有涉獵，但大多淺嘗輒止，其中亟待解決的問題不在少數。

其一，陳國公主墓出土的琥珀製品雕飾精美，其內容題材也十分豐富多樣，以動、植物為主，圖案並不刻板，即使相同題材，也有很多變化。這些裝飾題材是否具有特殊的象徵功能及深層意涵，其組合的內在規律以及其出現於遼代墓葬中的意義與功能也值得考量。

其二，陳國公主墓出土的琥珀製品，並非全部飾物或器物都是由琥珀材料單獨製成，也有很多琥珀與各種其他材質結合而成的隨葬品。在這其中，琥珀材料的參與、用量和配置方式都引人深思。琥珀與金、銀、珍珠這類特殊材質的組合使用，不僅基於特殊的加工技術，更遵循了某類組合原則，探究不同材料組合背後的技術、原則與觀念，對於理解遼代特有的審美觀念和工藝技術都具有重要的意義與價值。

其三，琥珀製品大量出現於遼代貴族墓葬和佛塔地宮中，陳國公主墓則是其中出土琥珀製品最為豐富的墓葬。其對於研究琥珀如何為契丹貴族所接受

〔註51〕 Hansen，V. "International Gifting and the Kitan World, 907~1125"，Journal of Song-Yuan Studies，2013，vol.43，pp.273~302.
〔註52〕 張倩：《遼代陳國公主、駙馬合葬墓出土的首飾及其文化內涵》，《呼倫貝爾學院學報》2014年6月，第45～49頁。
〔註53〕 鄧莉麗、陳錫玲：《遼代陳國公主墓出土佩飾中的「盛香器」研究》，《美術學報》2020年第6期，第19～25頁。

和喜愛，具有不可替代的重要價值。此墓的特殊之處首先在於它高度的完整性，其出土陪葬品的數量和質量在遼墓中可屬頂級，大量的不同種類的陪葬品揭示出種種遼代契丹人的文化觀念、風俗習慣與審美取向，與此同時，其也能夠代表遼中期高等級貴族墓葬的大體形制與風格。琥珀製品既然能夠大量進入貴族墓葬，可見契丹貴族對這種材料的喜愛和重視。遼代契丹人對琥珀製品的使用正是契丹民族的審美觀念和文化習俗在現實生活中的一類投射。這其中涉及到的，大到契丹人的民族記憶和文化創新，小到琥珀本身在喪葬中的功能與意涵，都值得被納入更進一步探索和討論的範疇。

第二章　琥珀的考古發現與衍化

第一節　商周至隋唐出土琥珀的特徵

　　宋遼以前，作為陪葬品的琥珀在歷代墓葬中都能夠零星地見到，宋金以後，琥珀在墓葬中的出現就不多了。而在這樣縱向的歷史脈絡中，遼代墓葬中出土琥珀數量的龐大，更加清晰地被凸顯了出來。

　　琥珀製品至早在商周時期已經有實物出土，如四川廣漢三星堆 1 號祭祀坑出土的一件蟬紋琥珀墜飾。此墜飾一端殘缺，整體略呈心形，紋飾陰刻，一面為蟬腹，一面為蟬背，上端有一凹槽，其中有一圓穿上下貫通，器物整體高 1.5、殘寬 3.8、厚 1.2 釐米。〔註1〕此外，四川省保德縣也出土過殷代琥珀珠，但考古報告中並無更多相關信息的詳細描述。〔註2〕春秋戰國時期，琥珀的出土量開始增加，但總量仍舊很少，以琥珀珠為主，也有一件河北省唐山市賈各莊出土的樹脂製虎形飾品較為特殊，是經雕刻而成的動物形態飾物，但其材質並非確切的琥珀。這件墜飾原料是黑色樹脂，整體作虎形，頭部略有剝落，獸身上橫穿有一孔，整體長 1.2、寬 1.2、厚 1.2 釐米。〔註3〕

〔註1〕四川省文物考古研究所：《三星堆祭祀坑》，北京：文物出版社，1999 年，第 117～118 頁（或第 124 頁）。
〔註2〕吳振錄：《保德縣新發現的殷代青銅器》，《文物》1972 年第 4 期，第 62～66 頁。
〔註3〕安志敏：《河北省唐山市賈各莊發掘報告》，《考古學報》1953 年總第 6 期，第 57～116 頁。

廣漢三星堆出土蟬紋琥珀墜飾

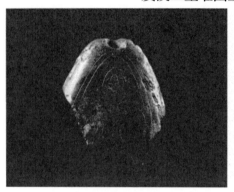

採自：四川省文物考古研究所：《三星堆祭祀坑》，北京：文物出版社，1999年。

河北省唐山市賈各莊出土樹脂製虎形飾

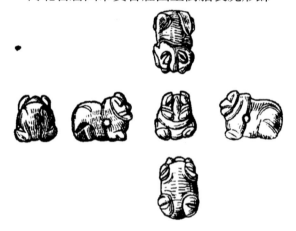

採自：安志敏：《河北省唐山市賈各莊發掘報告》,《考古學報》1953年第Z1期。

陝西咸陽馬泉西漢墓出土琥珀製品
左：虎形琥珀佩飾；中：無字琥珀印；右：圓形琥珀印

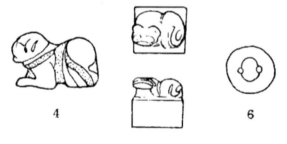

採自：李毓芳：《陝西咸陽馬泉西漢墓》,《考古》1979年第2期。

河北定縣43號漢墓出土部分琥珀雕刻動物

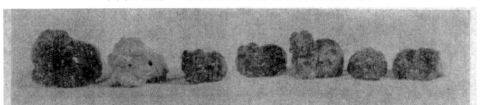

採自：定縣博物館：《河北定縣43號漢墓發掘簡報》，《文物》1973年第11期。

廣州漢墓出土多種材質項鍊

採自：廣州市文物管理委員會、廣州市博物館：
《廣州漢墓》，北京：文物出版社，1981年。

　　到了兩漢時期，琥珀製品的出土數量顯著增加，出土琥珀的墓葬，其地域分布也變得十分廣泛，遍及南、北方，這其中尤以廣西、廣東、四川、雲南、江蘇等地的墓葬為最多，墓葬等級也普遍較高，但每一墓葬出土琥珀數量較少。這時出土的琥珀製品仍以珠飾為主，但由琥珀雕刻打磨而成的飾物出土量明顯增加，題材以獅、虎最為多見。如陝西咸陽馬泉西漢墓出土的四件被雕刻成虎形的琥珀飾品，其形制相同，均表現為俯臥狀，虎身上均有橫

向穿孔。〔註4〕再如廣州漢墓 M3028 出土的一件獅形珠飾，珠同樣雕刻成俯臥狀，長 1.8、寬 0.9 釐米，獅腹部橫穿一孔，直徑 1.4 釐米，串綴在以瑪瑙、水晶、琉璃等多種材質組合連接的項鍊上。〔註5〕四川綿陽何家山出土的一件琥珀獅則稍大一些，長 3.1、高 2.2 釐米，考古報告稱其「似為植物膠脂凝固後雕刻而成」，整體狀態十分脆弱。獅子呈俯臥狀，腰部有一穿孔，雕刻風格比較粗獷，從獅子的頭、五官，到身軀都是以粗線條稍稍刻畫。〔註6〕還有河北定縣 43 號漢墓出土的琥珀動物雕刻，其中也有獅和虎一類的獸的形象。〔註7〕兩漢也出土有一些其他題材的琥珀製品，如雲南昭通桂家院子出土的琥珀製動物佩飾中有一件看起來十分精緻的魚尾形琥珀飾件，器物長 2.6 釐米，〔註8〕其整體線條十分流暢，上以陰線沿材料的走勢寥寥刻畫，不知是否為缺損後的殘件。再如涼山西昌東漢墓 M4 中出土的一件琥珀扣飾，其形狀如蟬，整體只做了非常簡單的刻畫，但「蟬」的雙翅上各穿一孔，非常像紐扣。〔註9〕此外，這一時期還出土了不少琥珀製成的勝形飾，如湖南大庸出土的一件黑色琥珀飾物，形狀即為勝。〔註10〕又如雲南昭通桂家院子出土的琥珀勝形飾，考古報告中描述為「雙連方管形」，長寬均為 1.7 釐米，〔註11〕這件飾物器形飽滿，器身十分光滑，刻畫也比較細緻，形狀明顯為勝。綿陽何家山也出土了這一類型的琥珀飾物，其形狀與前兩者一般無二。〔註12〕這一時期還出土了部分以琥珀製成的印章，同為陝西咸陽馬泉出土的琥珀製品中，有兩枚印章，一枚無印文，一枚有陰文篆

〔註4〕 李毓芳：《陝西咸陽馬泉西漢墓》，《考古》1979 年第 2 期，第 125～135 頁（或第 202 頁）。

〔註5〕 廣州市文物管理委員會、廣州市博物館：《廣州漢墓》，北京：文物出版社，1981 年，第 292 頁（或圖版四，或圖版九〇）。

〔註6〕 何志國：《四川綿陽何家山 2 號東漢崖墓清理簡報》，《文物》1991 年第 3 期，第 9～19 頁（或第 98～100 頁）。

〔註7〕 定縣博物館：《河北定縣 43 號漢墓發掘簡報》，《文物》1973 年第 11 期，第 8～20 頁（或第 81～84 頁）。

〔註8〕 雲南省文物工作隊：《雲南昭通桂家院子東漢墓發掘》，《考古》1962 年第 8 期，第 395～399 頁（或第 3～6 頁）。

〔註9〕 王兆祺：《四川涼山西昌發現東漢、蜀漢墓》，《考古》1990 年第 5 期，第 419～428 頁（或第 487～488 頁）。

〔註10〕 向桃初：《湖南大庸東漢磚室墓》，《考古》1994 年第 12 期，第 1078～1096 頁。

〔註11〕 雲南省文物工作隊：《雲南昭通桂家院子東漢墓發掘》，《考古》1962 年第 8 期，第 395～399 頁（或第 3～6 頁）。

〔註12〕 何志國：《四川綿陽何家山 2 號東漢崖墓清理簡報》，《文物》1991 年第 3 期，第 9～19 頁（或第 98～100 頁）。

書「惠君」二字，前者為虎鈕，其上穿有一孔，長 1.3、寬 11、高 1.2 釐米，後者鈕扁圓，鈕上也有一穿孔，印整體為圓形，直徑 1.1、高 0.5 釐米。〔註13〕江蘇邗江姚莊第 102 號漢墓出土的一件琥珀印則更加精緻，琥珀質地為桔紅色，鈕雕刻成一臥獸，獸腹下有一圓形穿孔，印面上以陰文篆刻「長樂富貴」四個字，印通高 0.8、臺面高 0.3、邊長 1.1 釐米。此印邊角光滑圓潤，有長期使用的痕跡。〔註14〕此外，江蘇丹陽東漢墓出土了一件琥珀耳瑱，〔註15〕瑱在喪葬中是死者下葬時配備的「九竅塞」之一，使用琥珀製作耳瑱，也顯示了琥珀功能的昇華。整體地從兩漢出土的琥珀材料來看，琥珀在兩漢時所能表現的題材和內在功能已經初步擴大。

四川綿陽何家山東漢墓出土的琥珀獅　　廣州漢墓 M3028 出土獅形琥珀珠飾

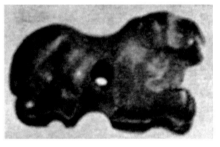

採自：何志國：《四川綿陽何家山 2 號東漢崖墓清理簡報》，《文物》1991 年第 3 期。

採自：廣州市文物管理委員會、廣州市博物館：《廣州漢墓》，北京：文物出版社，1981 年。

雲南昭通桂家院子出土的琥珀飾物（左：魚尾狀琥珀佩飾；右：琥珀勝形飾）

採自：許曉東：《中國古代琥珀藝術》，北京：紫禁城出版社，2011 年。

〔註13〕　李毓芳：《陝西咸陽馬泉西漢墓》，《考古》1979 年第 2 期，第 125〜135 頁（或第 202 頁）。

〔註14〕　印志華：《江蘇邗江縣姚莊 102 號漢墓》，《考古》2000 年第 4 期，第 50〜65 頁。

〔註15〕　劉興：《江蘇丹陽東漢墓》，《考古》1978 年第 3 期，第 155〜157 頁（或第 299 頁）。

西昌東漢墓 M4 出土的琥珀蟬形扣飾

採自：王兆祺：《四川涼山西昌發現東漢、蜀漢墓》，《考古》1990 年第 5 期。

琥珀耳瑱

採自：《江蘇丹陽東漢墓》，鎮江市博物館、丹江縣文化館，《考古》1978 年第 3 期。

江蘇邗江縣姚莊
102 號漢墓出土琥珀印

採自：許曉東：《中國古代琥珀藝術》，北京：紫禁城出版社，2011 年。

陝西咸陽馬泉漢墓出土的琥珀印印文
（左：無字琥珀印；右：圓形琥珀印）

採自：李毓芳：《陝西咸陽馬泉西漢墓》，《考古》1979 年第 2 期。

　　三國兩晉南北朝時出土的琥珀製品多承襲兩漢傳統，出土琥珀的墓葬分布仍以南方地區為多，出土的琥珀製品以雕刻成動物形狀的飾物為主，所表現的動物形象也有所增加。如南京出土的一件琥珀魚，長 2.75、寬 0.45、高 0.95 釐米，魚整體刻畫得較為簡潔，但首尾形象栩栩如生，魚脊處穿一孔，孔徑 0.1 釐米，可作懸掛裝飾使用。〔註 16〕此外，這時還出現了以琥珀表現的神怪形象：北齊庫狄迴洛墓出土的一件琥珀製獸面人身雕像，與一件串珠同出，顯然為相互連綴使用的佩飾。飾件材料為黃褐色，質地半透明。其雕飾相當精緻，人物形象頭頂二角，高鼻深目，大嘴張開，露出口中牙齒。身體刻畫上，則袒胸露腹、赤膊赤腳、身著短褲。雕像的兩肩、足心、頭頂和胯下各有相對稱的穿孔。人物形似侏儒，姿態為雙手按膝，整體類正方形，刻工相當細緻，是難得的藝術品。〔註 17〕在東魏茹茹公主墓中出土的兩件金飾中，琥珀的使用方式發生了微妙的轉變。兩件金飾均為鏤空製作，其中一件連同所鑲嵌的珍珠、琥珀和寶石重 35.5 克。在金質的花蔓之間透雕蓮花化生童子及伎樂天人各一，頗為精美。〔註 18〕在這件佩飾中，琥珀不再作為主體出現，而是作為一類珠寶被鑲嵌，成為一件精美佩飾中的一部分，這種使用方式在後世的作品中，能夠見到更多的實例。

南京北郊東晉墓出土琥珀魚

採自：朱蘭霞：《南京北郊東晉墓發掘簡報》，《考古》1983 年第 4 期。

〔註 16〕朱蘭霞：《南京北郊東晉墓發掘簡報》，《考古》1983 年第 4 期，第 315～322 頁（或第 388 頁）。
〔註 17〕王克林：《北齊庫狄迴洛墓》，《考古學報》1979 年第 3 期，第 377～402 頁（或第 417～428 頁）。
〔註 18〕朱全升、湯池：《河北磁縣東魏茹茹公主墓發掘簡報》，《文物》1984 年第 4 期，第 1～9 頁（或第 97～102 頁）。

何家村窖藏的藥物（後中為琥珀）

採自：陝西省博物館（文管會）革委會寫作小
組：《西安南郊何家村發現唐代窖藏文物》，《文
物》1972 年第 1 期。

東魏茹茹公主墓出土金飾

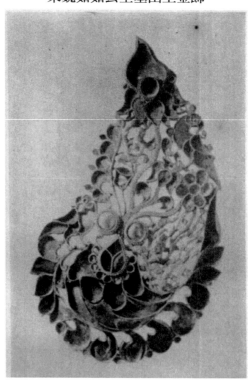

採自：朱全升、湯池：《河北磁縣東魏茹茹公
主墓發掘簡報》，《文物》1984 年第 4 期。

　　進入隋唐，琥珀的出土量並沒有增加，出土物的題材變化較前代也並不
大，仍是以雕刻成動物形狀的飾物為主。但到了這時，歷史文獻中所體現出
的一種琥珀的特殊用途——藥用價值，從出土材料中得到了印證（關於這一

部分文獻，後文會有更為詳細的論述）。在何家村出土的唐代窖藏中，發現有一系列煉製藥物所使用的器具和材料，裝在大小不同的金銀盒內的藥物中有一味即為琥珀。〔註19〕以琥珀來裝飾器物的實例還有現藏於日本正倉院的一件唐代傳世的嵌螺鈿紫檀阮咸，這件樂器長100.4、腹徑39釐米，其面板正中貼圓形皮革作畫，畫上方左右分別飾有一圓形裝飾，均嵌貝片和琥珀，覆手以玳瑁地嵌貝片和琥珀裝飾。背板以相同方式裝飾，琥珀仍鑲嵌其中。〔註20〕在這件傳世樂器上，琥珀已經進入了日常器物的裝飾體系，且其整體並非單純的擺設，而是自有樂器的功用，琥珀的裝飾作用在這件樂器上也發揮得淋漓盡致。在唐代，同樣不得不提的又有伊川鴉嶺唐齊國太夫人墓中出土的由琥珀製品。該墓出土琥珀數量多達147件，除102件珠飾外，還有部分雕刻精美的琥珀飾品，題材以花草、飛鳥為主。這其中還出土有兩件形制相同的由琥珀製成的梳脊，器物呈半月牙形，飾以高浮雕飛鳳紋，花草紋地，梳脊底部有長條形狀的榫，背部有凹槽，顯然是曾經鑲嵌過其他物品。此墓中對琥珀的應用，和前代出土琥珀的墓葬均有所區別。據墓誌，此墓主人齊國太夫人生於763年，卒於824年，享年61歲，其出身濮陽吳氏，是王士真的第二任夫人。〔註21〕王士真與其父王武俊，其子王承宗等人於兩唐書中均有傳，此三人先後任唐成德軍節度使，其王氏家族在唐中晚期藩鎮割據中叱吒風雲。王家本為契丹怒皆部人，王武俊初號沒諾干，其父名路俱，「開元中，饒樂府都督李詩率其部落五千帳，與路俱南河襲冠帶，有詔褒美，從居薊。」王武俊則於唐上元年間成為了史思明恒州刺史李寶臣帳下的裨將，入居恒州。〔註22〕王家應是歸附於唐後被賜姓王，而在唐代出土琥珀的墓葬中，齊國太夫人墓中出土琥珀的數量、質量，均絕無僅有，溯其根源應當與太夫人吳氏夫家的民族背景和文化傳承有關，由此可見，契丹人對琥珀的審美和使用完全可以上溯至遼開國之前，甚至更早。

〔註19〕陝西省博物館（文管會）革委會寫作小組：《西安南郊何家村發現唐代窖藏文物》，《文物》1972年第1期，第30～42頁。

〔註20〕陳振裕、蔣迎春、胡德生主編，金維諾總主編：《中國美術全集　漆器家具》，合肥：黃山書社，2010年，第227頁。

〔註21〕嚴輝、楊海欽：《伊川鴉嶺唐齊國太夫人墓》，《文物》1995年第11期，第24～44頁（或第97頁，或第1～2頁）。

〔註22〕〔後晉〕劉昫等：《舊唐書》卷142《王武俊傳》，北京：中華書局，1975年，第3871～3884頁；〔北宋〕歐陽修、宋祁：《新唐書》卷211《王武俊傳》，北京：中華書局，1975年，第5951～5959頁。

北齊庫狄迴洛墓出土獸面人身雕像及同出土的串珠

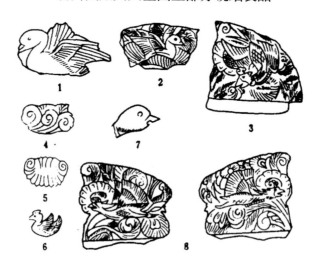

採自：許曉東：《中國古代琥珀藝術》，北京：紫禁城出版社，2011 年。

唐齊國太夫人墓出土部分琥珀製品

採自：嚴輝、楊海欽：《伊川鴉嶺唐齊國太夫人墓》，《文物》1995 年第 11 期。

第二節　遼以前文獻對琥珀內涵的構建

　　遼代的史料十分匱乏，與琥珀相關的記載在僅有的史料中更是鳳毛麟角。但在遼代以前流傳至今的各類漢文文獻中，關於琥珀的記載則更加多樣化，其也能夠體現出一部分文獻與出土實物的相互印證。儘管無法在文獻的梳理中直接得出有效的結論，但對文獻的考察是有必要的，且不失為一條從側面考察契丹人關於琥珀的歷史記憶的有意義的途徑。

　　「琥珀」，在中國古代亦名虎珀、虎魄、琥魄等，顧名思義，中國古人對

琥珀的其中一種想像即與「虎」有關——《酉陽雜俎》中有記載:「虎死威乃入地,得之可却百邪。虎初死,記其頭所藉處,候月黑夜掘之。欲掘時,而有虎來吼攦前後,不足畏,此虎之鬼也。深二尺當得物如琥珀,蓋虎目光淪入地所爲也。」〔註23〕同書還收錄了另外一種對於琥珀形成的傳說——「或言龍血入地爲琥珀。」〔註24〕這些記錄固然不足取信,但也形象地表達了古人對於琥珀的形成、顏色、質地乃至其所象徵的某種功用的理解。

　　與琥珀有關的種種想像和傳說,在宋、遼及以前的古代文獻中並不乏相關記錄,現今最早成書的更是可以追溯至漢代。其中,僅對於琥珀的形成一類,就有諸多看法。晉代已有「松柏脂入地千年化爲茯苓,茯苓化爲琥珀」的記錄。〔註25〕南北朝時,有文獻記載:「玉之精爲白虎,金之精爲車馬,楓脂千歲爲琥珀。銅之精爲奴,鉛之精爲婢,松脂千歲爲茯苓。」〔註26〕這時古人對於琥珀成因的猜測是以植物草木的汁液入地深埋千萬年而成為主的,關於這種猜測,唐、宋的文獻也有相同或相類似的內容記錄,如「松脂入地千年作茯苓,茯苓千年作琥珀,琥珀千年作石膽,石膽千年作威喜。」〔註27〕再如「楓脂入地爲琥珀。」〔註28〕以及「虎珀之本成松膠也……」〔註29〕等。在這種猜測的基礎之上,生發了更多相關的想像,如:「琥珀,珠也,生地中,其上及旁不生草,淺者五尺,深者八九尺,大如斛,削去皮成琥珀。初時,如桃膠,凝堅乃成……」〔註30〕除此之外,也有一些被誤當作琥珀的材料的相關記錄,如:

〔註23〕〔唐〕段成式:《酉陽雜俎》前集卷11《廣知》,北京:中華書局,1981年,第108頁。

〔註24〕〔唐〕段成式:《酉陽雜俎》前集卷11《廣知》,北京:中華書局,1981年,第109頁。

〔註25〕〔西晉〕張華,王根林校:《博物志(外七種)》卷4,上海:上海古籍出版社,2012年,第21頁,引《神仙傳》。

〔註26〕〔南朝梁〕蕭繹,許逸民校箋:《金樓子校箋　下》卷5《志怪篇》,北京:中華書局,2011年,第1151~1152頁。

〔註27〕〔唐〕馬總:《意林》卷4《抱朴子》,北京:中華書局,1991年,第95頁。

〔註28〕〔唐〕段成式:《酉陽雜俎》前集卷11《廣知》,北京:中華書局,1981年,第106頁,引《玄中記》。

〔註29〕〔北宋〕李昉等:《太平御覽》器物部卷760《盂》,北京:中華書局,1960年,第3373頁,引《涼州異物志》;珍寶部卷808《虎魄》,第3590,引《異物志》。

〔註30〕〔北宋〕李昉等:《太平御覽》珍寶部卷808《虎魄》,北京:中華書局,1960年,第3590頁,引《廣雅》;〔清〕王念孫:《廣雅疏證》卷9下《釋地》,上海:上海古籍出版社,2018年,第1167~1168頁。

「寧州沙中有折腰蜂，岸崩則蜂出，土人燒冶，以爲琥珀」，〔註31〕又如「麋盧水邊沙中有短腰蜂窠，燒治以爲虎珀」，〔註32〕但這也是古人對琥珀這種材質的其中一種認識。更甚者，《神農本草經》中還記錄有如何使用雞蛋假造琥珀的方法，這更反映了琥珀在當時是被人們所認同和接受的一種材料，若非其珍貴，則不會出現造假之術。〔註33〕

在形形色色的與琥珀相關的歷史文獻中，出現最多的當屬同琥珀的各種使用方式與功能相關的記錄。東漢王符在《潛夫論》論「浮侈」的一章中寫道：「今京師貴戚，衣服、飲食、車輿、文飾、廬舍，皆過王制，僭上甚矣。從奴僕妾，皆服葛子升越，筩中女布，細緻綺縠，水（冰）紈錦繡。犀象珠玉，琥珀瑇瑁，石山隱飾，金銀錯鏤，鞸鞾履舄，文組彩褋，驕奢僭主，轉相誇詫，箕子所晞，今在僕妾。」〔註34〕琥珀在這段論述中，是以一種珍貴奢侈的裝飾物形象出現的，從整段文字來看，作者對其時皇親貴族甚至其家中僕人隨意使用高等級的裝飾物感到憤怒，這同樣表明琥珀的使用在當時應是有一定等級要求和限制的。同樣使用琥珀飾物的還有宮闈之中的女性：「帝所幸宮人，名麗娟，年十四，玉膚柔軟，吹氣勝蘭……麗娟以琥珀爲佩，置衣裾裏，不使人知，乃言骨節自鳴，相與爲神怪也。」〔註35〕雖然也是以佩戴爲指向，但在這段記錄中，琥珀的使用功能並不在於裝飾，而是其作爲飾物佩戴所帶來的聲音效果。而《金樓子》中「齊東昏侯寶卷，潘氏服御，極選珍寶，琥珀釧一隻，直百七十七萬」〔註36〕的這段記載，則是在記錄以琥珀作佩飾的基礎上，更進一步表明當時琥珀的昂貴與珍稀。而關於遼以前多數出土實物，其使用功能也

〔註31〕〔唐〕段成式：《酉陽雜俎》前集卷 11《廣知》，北京：中華書局，1981 年，第 109 頁，引《南蠻記》。

〔註32〕〔北宋〕李昉等：《太平御覽》珍寶部卷 808《虎魄》，北京：中華書局，1960 年，第 3590 頁，引《西域諸國志》。

〔註33〕〔北宋〕李昉等：《太平御覽》珍宝部卷 808《虎魄》，北京：中華書局，1960 年，第 3590 頁：「《神農本草經》曰：取雞卵（歹段）黃白渾雜者熟煮，及尚軟，隨意刻作物，以苦酒漬數宿。既堅，內著杼中，佳者亂真矣（此世所常用，作無不成）」，引《神農本草經》。

〔註34〕〔東漢〕王符，劉殿爵、陳方正編：《潛夫論逐字索引》卷 12《浮侈》，香港：商務印書館（香港）有限公司，1995 年，第 21～22 頁。

〔註35〕〔後漢〕郭憲：《漢武帝別國洞冥記》卷 4，北京：中華書局，1991 年，第 15 頁。

〔註36〕〔南朝梁〕蕭繹，許逸民校箋：《金樓子校箋　上》卷 1《箴戒篇》，北京：中華書局，2011 年，第 356～357 頁。

都是以琥珀製作佩飾來展現的。

　　根據前文的出土材料，漢代出土的琥珀製品仍以裝飾功能為主，其中很少見到具有如下述文獻中所載之功能如此豐富的器物——根據記錄，從漢代到隋唐時期，王室貴族不僅使用琥珀製作的佩件和裝飾物，也使用琥珀製成的日用器，如《西京雜記》中的一段記載：「宣帝被收繫郡邸獄，臂上猶帶史良娣合采婉轉絲繩，繫身毒國寶鏡一枚，大如八銖錢……常以琥珀笥盛之……」，〔註37〕其中「笥」是指古代有專門用途的一種方形容器，一般以竹製成，在這裡，宣帝使用的是由琥珀製作而成的「笥」，側面表明琥珀的高等級，以此來襯托「寶鏡」的珍貴。關於使用琥珀作為日用器的記載並不在少數，《古樂府》有詩句云：「琉璃琥珀象牙槃。」〔註38〕《拾遺記》中更是有大量關於琥珀製品的描述，如：「吳主潘夫人……為江東絕色……工人寫其真狀以進，吳主見而喜悅，以虎魄如意撫按即折，嗟曰：『此神女也，愁貌尚能惑人，況在歡樂！』」〔註39〕又如：「以琥珀爲瓶杓。」〔註40〕而《異物志》中同樣也有可使用琥珀製作杯瓶的記錄。〔註41〕此外，《拾遺記》中還記錄有一些以琥珀製成的玩物或擺件，〔註42〕在此不一一贅述。在眾多的相關文獻中，有一些以琥珀為枕的記載，十分有趣：如《西京雜記》中寫道：「趙飛燕爲皇后，其女弟在昭陽殿，遺飛燕書曰：『今日嘉辰，貴姊懋膺洪冊，謹上襚三十五條，以陳踊躍之心……琥珀枕，龜文枕，珊瑚玦，馬腦彄……』」〔註43〕再如《宋書》中還有對琥珀

〔註37〕〔東晉〕葛洪：《西京雜記》卷1《身毒國寶鏡》，北京：中華書局，1985年，第4頁。

〔註38〕〔北宋〕李昉等：《太平御覽》器物部卷758《槃》，北京：中華書局，1960年，第3366頁，引《古樂府》。

〔註39〕〔東晉〕王嘉，〔南朝梁〕蕭綺錄，齊治平校注：《拾遺記校注》卷8《吳》，北京：中華書局，1981年，第181頁。

〔註40〕〔東晉〕王嘉，〔南朝梁〕蕭綺錄，齊治平校注：《拾遺記校注》卷9《晉時事》，北京：中華書局，1981年，第217頁。

〔註41〕〔北宋〕李昉等：《太平御覽》珍寶部卷808《虎魄》，北京：中華書局，1960年，第3590頁，引《異物志》。

〔註42〕〔東晉〕王嘉，〔南朝梁〕蕭綺錄，齊治平校注：《拾遺記校注》卷3《周靈王》，北京：中華書局，1981年，第75頁：「有韓房者，自渠胥國來，獻玉駱駝高五尺，虎魄鳳凰高六尺，火齊鏡廣三尺，闇中視物如畫。向鏡語，則鏡中影應聲而答」；卷7《魏》，第167頁：「昔漢武寶鼎元年，西方貢珍怪，有虎魄燕，置之靜室，自於室中鳴翔，蓋此類也」。

〔註43〕〔東晉〕葛洪：《西京雜記》卷1《飛燕昭儀贈遺之侈》，北京：中華書局，1985年，第8頁。

枕的形貌描述：「寧州嘗獻虎魄枕，光色甚麗。」〔註44〕又如《太平御覽》中的相關記錄：「琥魄……其方人以爲枕。」〔註45〕此類文字記載反映了其時貴族之中使用琥珀枕的普遍性，那麼為什麼要使用琥珀枕呢？

自三國兩晉起，文獻開始關注琥珀作為一種「藥材」所具有的神奇功效（前文曾經述及，在唐代何家村窖藏出土的文物中有直接的表現），上文所引的一條「寧州嘗獻虎魄枕」的文獻記錄，下一句立刻就涉及到了琥珀使用方式的重大轉變──「時將北征，以虎魄治金創，上大悅，命擣碎分付諸將。」〔註46〕又如「孫和悅鄧夫人，常置膝上。和於月下舞水精如意，誤傷夫人頰，血流汙袴，嬌姹彌苦。自舐其瘡，命太醫合藥。醫曰：『得白獺髓，雜玉與琥珀屑，當滅此痕。』……和乃命合此膏，琥珀太多，及差而有赤點如朱，逼而視之，更益其妍。」〔註47〕這種使用琥珀來促進癒合傷口的記錄不止於此，到了唐代，甚至有使用琥珀養顏的記載：「至開元初。玄宗治驪山。起至華清宮。作朝元閣。立長生殿。以餘材因修此寺。群像既立。遂設東幢。帝與妃子。自湯殿宴罷。微行佛廟。禮陁伽竟。妃子謂帝曰。當于飛之秋。不當今東幢歸然無偶。帝即日命立西幢。遂封某爲西明夫人。因賜琥珀膏。潤於肌骨。設珊瑚帳。固予形貌。於是選生及蛾。即不復彊暴矣。」〔註48〕女性使用香膏潤澤肌膚是十分常見的事，皇帝專門賞賜琥珀製成的香膏，一則體現了皇帝對西明夫人的喜愛，二則令人覺察出「琥珀膏」的珍貴及其功效的神奇。那麼回到前文，是否可以認為，將琥珀作為枕頭來使用，也是一種使用琥珀養生的形式。成書於漢末的《名醫別錄》中，對琥珀的功效描述如下：「味甘，平，無毒。主安五臟，定魂魄，殺精魅邪鬼，消瘀血，通五淋。」現代中醫學化學研究則顯示，琥珀中富含的各種元素能夠促進睡眠，鎮靜安神，在現代臨床醫學中也用於治

〔註44〕〔南朝〕沈約：《宋書》卷3《武帝本紀下》，北京：中華書局，1974年，第60頁。

〔註45〕〔北宋〕李昉等：《太平御覽》珍寶部卷808《虎魄》，北京：中華書局，1960年，第3590頁，引《廣雅》；〔清〕王念孫：《廣雅疏證》卷9下《釋地》，上海：上海古籍出版社，2018年，第1167～1168頁。

〔註46〕〔南朝〕沈約：《宋書》卷3《五帝本紀下》，北京：中華書局，1974年，第60頁。

〔註47〕〔東晉〕王嘉，〔南朝梁〕蕭綺錄，齊治平校注：《拾遺記校注》卷8《吳》，北京：中華書局，1981年，第189～190頁。

〔註48〕〔北宋〕李昉等：《太平廣記》卷373《楊禎》，北京：中華書局，1981年，第2964頁。

療失眠。古方《琥珀安神丸》則顯示，要將琥珀、珍珠以及各種方中涉及的中草藥研末後捏成丸服下，以達到治病安神的效果。〔註49〕是以古時以琥珀為枕，文獻中雖未提及功效，或也與寧神清心相關。

　　目前最早的與琥珀相關的文獻，有西漢陸賈所著《新語》中「夫驢、騾、駱駝、犀、象、瑇瑁、琥珀、珊瑚、翠羽、珠玉，山生水藏，擇地而居，潔清明朗，潤澤而濡，磨而不磷，涅而不淄，天氣所生，神靈所治，幽閒清净，與神浮沉，莫不效力為用，盡情為器。故曰：聖人成之。所以能統物通變，治情性，顯仁義也」〔註50〕的這樣一段記錄。以上將琥珀與各種珍貴寶物的一系列類比，表達的是作者對美好品質的一種嚮往和認識，琥珀在這其中也包含了一部分「高潔」「富有靈氣」「有所為有所不為」的情愫。《論衡》中的記載：「頓牟（古時琥珀的別稱）掇芥，磁石引針，皆以其真是，不假他類。他類肖似，不能掇取者，何也？氣性異殊，不能相感動也。」〔註51〕與之也有異曲同工之處，雖然是在描述琥珀的一種具有磁力的特性，但也是在表達「君子」「選擇」等內涵。這種象徵性一直發展，在《三國志》中記錄的關於吳國著名的經學家、政治家虞翻的一則軼事，也與這種象徵性息息相關：「吳書曰：翻少好學，有高氣。年十二，客有候其兄者，不過翻，翻追與書曰：『僕聞虎魄不取腐芥，磁石不受曲鍼，過而不存，不亦宜乎！』客得書奇之，由是見稱。」〔註52〕更加內化的還有「昔漢武帝寶鼎元年，西方貢珍怪，有虎魄燕，置之靜室，自於室中鳴翔，蓋此類也。《洛書》云：『皇圖之寶。土德之徵。大魏之嘉瑞』」〔註53〕這類的記錄。以琥珀製作的燕子在靜室之中鳴叫飛翔，這樣的祥瑞首先是自古以來帝王家所喜愛和讚揚的一種圖景，其次，琥珀作為這種祥瑞的載體，其自身也天然具有「高貴」「祥瑞」的特質，這既反映了琥珀材料的珍貴，皇親貴族對琥珀的喜愛，也是琥珀這一材質在歷史中被逐漸賦予內在含義與價值的表現。

〔註49〕〔南朝梁〕陶弘景，陳芳、楊衛平編：《名醫別錄彩色藥圖》上品卷1，貴陽：貴州科技出版社，2017年，第19～20頁。

〔註50〕〔西漢〕陸賈，莊大鈞校點：《新語》卷上，瀋陽：遼寧教育出版社，1998年，第2頁。

〔註51〕〔東漢〕王充：《論衡》亂龍篇，北京：藍天出版社，1999年，第79頁。

〔註52〕〔西晉〕陳壽：《三國志》卷57《虞翻》，北京：中華書局，2011年，第1317頁。

〔註53〕〔東晉〕王嘉，〔南朝梁〕蕭綺錄，齊治平校注：《拾遺記校注》卷8《魏》，北京：中華書局，1981年，第167頁。

　　琥珀在佛教中作為「七寶」之一的地位自不必多說，如「洛州昭成佛寺有安樂公主造百寶香爐。高三尺，開四門，絳橋勾欄，花草、飛禽、走獸，諸天妓樂，麒麟、鸞鳳，白鶴、飛仙。絲來線去，鬼出神入。隱起鈒鏤，窈窕便娟。真珠、瑪瑙，琉璃、琥珀，玻璃、珊瑚，琿璖、琬琰，一切寶貝，用錢三萬。府庫之物，盡於是矣」〔註54〕一類表明使用琥珀製作佛教法物的記載比比皆是。令人驚奇的，則是在與「道」「周易」等相關的記載中，也能尋得到琥珀的影子——《金樓子》中有這樣一則故事：「余將冠，方好《易》卜。及至射覆，十中乃至八九。當經至鄆州，從兄平西，令吾射金、玉、琥珀三指鐶。筮遇乾☰艮☶《姤》之《履》，其辭曰：『上既為天，其體則圓，指鐶之象，金玉在焉。寅爻帶午，寅則為虎，琥珀生光，在合中央。合中之物，凡有三種。按卦而談，或輕或重。』又有人名裹褻紙中，射之，得離☲巽☴《鼎卦》。余言曰：『《鼎卦》上《離》為日，下《巽》為木。『日』下安『木』，『杲』字也。此是典籤裴重歡疏潘杲名與？』余射之他驗，皆如此也。」〔註55〕「射覆」是古代的一種類似猜物的占卜遊戲，將所猜對象藏於器物下，通過占筮來猜測其中為何物，是周易的一種形式。梁元帝蕭繹對周易抱有很高的熱情，這是他年輕時頗為自得的占筮實例之一。〔註56〕琥珀指環作為其中一件被猜測的物品，在此遊戲之中首先是被製成飾物，其次也與金、玉等珍貴材質有所關聯，再次，在被占卜的客體中，琥珀自有其材質的特殊性，而這種特殊性在「周易」之中應有其內涵。更有《太平廣記》中一篇記述元徹、柳實二人得道隱化的故事，題為《元柳二公》，故事之中，有一個細節值得注意，在元、柳二人離開仙島途中，有一使者交給二人一隻琥珀盒子，盒中盛有法器：「……遂襟帶間解一琥珀合子。中有物隱隱若蜘蛛形狀……」〔註57〕在這裡，琥珀內在包含著承載仙家神力的功用，這表明上文中提及的高貴和祥瑞已經不足以解釋琥珀所蘊含的品格，其功能從象徵性更進一步變得實用起來了。

　　綜上所述，琥珀在中國宋、遼及之前的時代，已經擁有十分豐富的內涵。

〔註54〕〔唐〕張鷟、范攄，恒鶴、陽羨生校點：《朝野僉載　雲溪友議》卷3，上海：上海古籍出版社，2012年，第34頁。

〔註55〕〔南朝梁〕蕭繹，許逸民校箋：《金樓子校箋　下》卷6《自序篇》，北京：中華書局，2011年，第1358～1359頁。

〔註56〕宋亞莉：《論〈金樓子〉的占筮實例與蕭繹的周易情結》，《東方論壇》2015年第2期，第108～113頁。

〔註57〕〔北宋〕李昉等：《太平廣記》卷25《元柳二公》，北京：中華書局，1961年，第166～169頁。

從使用琥珀製作佩飾、日常器物，到使用琥珀療傷、養膚，進一步發展到借用琥珀來象徵高貴的品格和宗教內涵……琥珀作為一種較為珍貴的材質，其功能從實用性走向象徵性，又進一步在它的象徵功能之上發揮更高層次的實用功能。這一系列的變化表明，琥珀這種材質，在其存在和被利用的歷史進程中逐漸被賦予了多層次的意義。儘管這些豐富的意義與內涵無一不是以漢民族為視角對「琥珀」進行的闡釋，但其對瞭解遼代契丹人對琥珀的認識也有相當的幫助。

第三節　遼墓琥珀的發現與應用

遼以前出土的琥珀以及漢文文獻中賦予琥珀的意涵已經十分豐富，雖然遼代找不到明確的文獻記錄，但綜觀遼代的考古材料，琥珀出土的數量總體來看是十分突出的，而這種出土數量的激增，彰顯出琥珀在遼代的特殊性。儘管如陳國公主墓一般出土琥珀數量較多的單一墓葬並不算太多，由於歷史原因，遼墓往往遭遇了一定程度的盜擾，其中隨葬品能夠保持完整出土的墓葬寥寥無幾，這也能證明歷史上遼墓中隨葬的琥珀遠比目前所能看到的更加豐富。

耶律羽之墓出土琥珀水晶瓔珞

採自：樂藝會：《大遼五京文物展玉器織錦雜項篇：石為雲根分享》：https://kuaibao.qq.com/s/20190315A0306700?refer=spider 最後檢索時間：2021.2.28，22:36。

遼早期出土的琥珀製品以佩飾為主，一部分墓葬屢遭盜掘，但仍遺留有精美的琥珀製品。例如遼寧省北票縣水泉 1 號墓出土的一枚葉形琥珀，長 4.2、寬 2.2、厚 0.7 釐米，此墓早期被盜，隨葬品凌亂不全，根據墓室結構以及墓

葬中隨葬的一系列器物推定其墓主人應為契丹高級官僚。〔註58〕而遼耶律羽之墓中則出土了一件十分精美的琥珀水晶瓔珞，此瓔珞由琥珀與水晶相間隔，加一雞心形金墜和一圓柱狀金墜，整體以絲線串綴而成（據陳國公主墓出土瓔珞復原）。此瓔珞上所使用的琥珀材料大小不一，未經雕刻，材料表面也並沒有被打磨得十分圓潤，而是保持了琥珀原本較為粗獷的形態。瓔珞佩飾在遼墓中常有出土，琥珀更是其中十分常見的材料，但這一件屬於遼早期出土的瓔珞中，琥珀材料使用的份量是最大的。此外，同墓還出土了一件以絲線串綴而成的琥珀串飾，其中琥珀珠的形狀並不規整，大小有別。耶律羽之是契丹早期的大貴族，在太宗執政期間曾任左相，後又隨人皇王耶律倍前往東丹國，其在世時權勢極盛。耶律羽之墓儘管被盜掘，但從餘下的結構、裝飾、隨葬品等多方面來看，其葬時的情況理應十分輝煌。〔註59〕

葉茂臺 M7 出土水晶琥珀瓔珞

採自：許曉東：《遼代玉器研究》，北京：紫禁城出版社，2003 年。

〔註58〕遼寧省博物館文物隊：《遼寧北票水泉一號遼墓發掘簡報》，《文物》1977 年第 12 期，第 44～51 頁（或第 101～103 頁）。

〔註59〕齊小光、王建國、從豔雙：《遼耶律羽之墓發掘簡報》，《文物》1996 年第 1 期，第 4～32 頁（或第 97～100 頁）。

　　遼早期也發掘有一些未被破壞的完整墓葬，如遼寧省法庫縣葉茂臺 7 號遼墓，即是一座完整的契丹老年女性貴族的墓葬，該墓中出土的琥珀數量較多，其中一件由大小水晶珠間琥珀飾品的項串（瓔珞），出土時戴於墓主人項上，項串上的琥珀飾品雕刻成獅形，描金，十分精緻。與此件項串中琥珀的功能相類似的還有一件鎏金鑲琥珀寶塔鸞鳳紋銀捍腰，此物為同墓中出土的錦袍上的一件背飾，捍腰面部錘鏨出五個塔式的建築，琥珀就鑲嵌於塔身，是服飾的配件。此外該墓還出土有一對琥珀穿金耳墜，其將琥珀飾物穿孔，孔中穿過金質耳鉤，琥珀飾物並無雕刻，整體款式較為簡潔。〔註60〕內蒙古克什克騰旗二八地 1 號墓也出土有若干件琥珀佩飾，多數已殘損，唯有一件略呈橢圓形的飾件基本完整，其外表雕刻有一朵牡丹花，由於考古報告只提供有線圖，所以無法看到琥珀材料的真實面目，但圖案雕刻得比較精緻。根據隨葬品的出土數量和質量來看，墓主人應為契丹貴族。〔註61〕

清河門 M1 出土琥珀錢　　　　清河門 M4 出土琥珀製品
　　　　　　　　　　　　　　　（圖中編號 1、2、3、4、15）

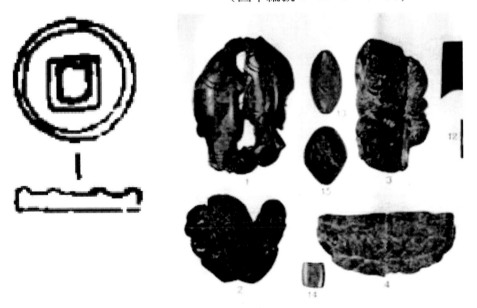

採自：李文信：《義縣清河門遼墓發掘報告》，《考古學報》1954 年第 2 期。

〔註60〕遼寧省博物館、遼寧鐵嶺地區文物組發掘小組：《法庫葉茂臺遼墓記略》，《文物》1975 年第 12 期，第 26～36 頁。

〔註61〕項春松：《克什克騰旗二八地一、二號遼墓》，《內蒙古文物考古》1984 年總第 3 期，第 80～90 頁（或第 6～7 頁）。

　　上文所述墓葬均屬單人下葬，而在此時，還有一部分合葬墓也出土有琥珀製品。如遼寧省法庫縣葉茂臺9號墓，該墓為夫妻合葬墓，墓主人身份等級並不算太高，屬於契丹低等級貴族，但墓葬保存十分完整。墓中出土的一件琥珀，為動物題材，以圓雕表現一隻斜臥蹲伏狀的小熊，小熊前爪貼地，頭趴在前爪上，面部雕刻一張尖嘴，雙耳直立，腰部正中穿有一孔，長約3.8、寬約2.4、臥高約2.6釐米，琥珀質地為黃褐色，重14.42克。〔註62〕內蒙古赤峰大營子1號遼墓，該墓先後兩次被盜，但墓中仍出土有大量隨葬品，出土的墓誌左右有陰刻楷書「故駙馬贈衛國王墓誌銘」，經過學者考證，認為墓主夫婦二人是遼太祖耶律阿保機之女質古公主（一名奧哥公主）及其女婿蕭屈列，〔註63〕身份等級相當高。墓中屍床上於頭骨附近散落有以瑪瑙、琥珀、綠松石和珊瑚等材質為主製作的瓔珞殘品，其中6件琥珀珠，分為扁圓形，透空管和球狀三種形狀，長0.5～2.3釐米。由於被盜嚴重，原狀已無法重現，但琥珀應屬於高等級契丹貴族墓葬中瓔珞飾品中的配件。〔註64〕

庫倫M4出土琥珀花葉雕飾

採自：王健群、陳相偉：《庫倫遼代壁畫墓》，北京：文物出版社，1989年。

〔註62〕何賢武、張星德：《遼寧法庫縣葉茂臺8、9號遼墓》，《考古》1996年第6期，第80～90頁（或第6～7頁）。

〔註63〕金毓黻：《遼國駙馬贈衛國王墓誌銘考證》，《考古學報》1956年第3期，第27～31頁。此一說法具有爭議，參見：張平一、李廷儉：《對「遼國駙馬贈衛國王墓誌銘考證」一文的幾點商榷》，《文物參考資料》1957年第6期，第66～67頁；羅繼祖：《〈遼國駙馬贈衛國王墓誌銘考證〉商榷》，《吉林大學社會科學學報》1963年第1期，第51～54頁。

〔註64〕鄭紹宗：《赤峰縣大營子遼墓發掘報告》，《考古學報》1956年第3期，第1～26頁（或第131～140頁）。

　　遼中期出土琥珀製品的墓葬較早期更多也更為精美，這是工藝發展的必然結果，如陳國公主墓中出土的琥珀即為典型一例，後文中將對此做較為詳細的敘述。再如葉茂臺 M7，學界廣泛認同葉茂臺遼墓是遼后族蕭氏的重要墓地，但李宇峰在其最新研究中則認為葉茂臺 M7 的主人是一位遼皇室的公主，M7 的年代也重新被其推定為遼中期，〔註65〕前文已示該墓出土的琥珀製品，此處不作贅述。單人墓葬如遼寧省義縣清河門 1 號和 4 號遼墓，兩墓均出土有琥珀製品，其中 M4 保存完整、未遭盜掘，出土的佩飾也稍多一些。其中 M1 的墓主人是契丹貴族，墓中出土有一枚琥珀錢形小飾件和 2 枚琥珀串珠，其中，琥珀錢色澤偏黃，圓形方孔，兩面的進孔都有浮起的輪廓線，十分逼真。圓徑 1.6、厚 0.3 釐米。由琥珀製成錢幣的例子並不多見，據考古報告推測，包括同墓同地點出土的幾枚水晶珠飾和一件水晶鯉魚在內，這些遺物很有可能是一組腰佩上的零件。「魚」和「錢」相聯繫用來表示吉祥語「餘錢」。至於清河門 M4，墓主人的身份等級似乎比 M1 要更高一些，出土的琥珀也更加多樣化，除琥珀珠之外，有 3 件琥珀佩飾、2 件琥珀器物，其中 3 件佩飾的題材分別為人物、雙魚和鳳鳥。琥珀人物佩為正黃色，佩面糟朽失亮，形體完整。浮雕一舞蹈胡伎，高 6.3、寬 3.6 釐米。琥珀雙魚佩為黃色，雙魚的口、眼、鰓、鰭都雕刻得十分精緻，沿魚頭、尾之長軸穿一孔，應是為了繫繩佩戴，長 6.5、寬 5.1、厚 1.6 釐米。琥珀鳳鳥佩的下端雕刻有菊花形底座，上方為浮雕的展翅鳳鳥，鳳鳥前後有孔，花形底座下有不透小孔，小孔兩側各有一小透孔，依鳳鳥姿態來看，不像是佩飾。〔註66〕庫倫第 4 號墓也出土了幾件琥珀佩飾，題材有熊、兔、豬等動物，也有植物形象，如一件琥珀花葉雕飾，該雕飾外觀完好，整體呈長方形，正中雕刻一朵含苞蓓蕾，周圍襯以蕪蔓的枝葉，一端刻四瓣花式的圓孔，雕刻十分精細，花樣紋理清晰。考古報考推測，其原是鑲嵌於其他物品上用以裝飾的配件。全長 9.5、高 3.9 釐米。〔註67〕另有一出土琥珀數量較多的遼中晚期墓葬，即內蒙古科左中旗的小努日遼墓，該墓為夫妻合葬墓，夫妻二人為契丹中等以上貴族，該墓被盜嚴重，但仍餘 50 件琥珀器，除 46 件中有

〔註65〕　李宇峰：《遼寧法庫葉茂臺七號遼墓的年代及墓主身份》，《遼金歷史與考古（第10 輯）》，北京：科學出版社，2019 年，第 108～113 頁。

〔註66〕　李文信：《義縣清河門遼墓發掘報告》，《考古學報》1954 年第 2 期，第 163～202 頁（或第 274～297 頁）。

〔註67〕　王健群、陳相偉：《庫倫遼代壁畫墓》，北京：文物出版社，1989 年，第 61～62 頁。

穿孔的琥珀珠、一件雞心形琥珀墜和一件圓柱狀琥珀墜顯然是瓔珞一類佩飾的零散配件之外，其餘 2 件器物頗為精美。一件為琥珀握手，棕紅色，整體呈橢圓形，正面雕盤龍圖案，龍周圍刻卷雲紋，背面十分光滑。長徑 8、厚 1.5 釐米；另一件則是一棕紅色的琥珀蝶形盒，此盒雙面浮雕同樣的蝴蝶紋，子母口，盒腹部飽滿，表面蝴蝶紋飾刻畫精細，長 6.6、寬 4.7、厚 1.2 釐米，樣式非常精緻。〔註68〕

獨樂寺塔出琥珀七層小方塔模

採自：天津市歷史博物館考古隊、薊縣文物保管所：
《天津薊縣獨樂寺塔》，《考古學報》1989 年第 1 期。

〔註68〕武亞芹、王瑞青：《內蒙古科左中旗小努日木遼墓》，《北方文物》2000 年第 3
期，第 32～35 頁（或第 113～114 頁）。

慶州白塔出蓮蕾琥珀舍利瓶

小努日遼墓出土琥珀蝶形盒

採自：德新、張漢君、韓仁信：《內蒙古巴林右旗慶州白塔發現遼代佛教文物》，《文物》1994 年第 12 期。

採自：孫建華、楊興宇：《大遼公主——陳國公主墓發掘紀實》，呼和浩特：內蒙古大學出版社，2008 年。

　　遼中期，出土琥珀的範圍擴大到佛塔及其天、地宮之中，其中多數製作相當精美。天津市薊縣獨樂寺塔中出土的琥珀製品首當其衝，其題材有動、植物，也有宗教意味濃厚的作品。在諸多以動、植物為主題的雕刻中，一件琥珀透雕花格外精緻，其正面為三瓣花朵，兩旁各有兩片卷葉相托，整體高 2.75 釐米。塔中還出有 2 件琥珀製小方塔模，形制類似，一件七層，一件五層，七層的這一件高 6.95 釐米，由基座、塔身、簷和剎組成，每層都打磨得十分圓潤可愛，樸拙中不失精巧。另有一件琥珀佛雕值得一提，整塊琥珀略呈長方形，長 3.6、寬 3.3、厚 1.1 釐米。雙面皆有雕刻，其中一面為一名僧人於山坡之上坐禪，背依一座五層寶塔，另一面同樣雕刻一僧人坐禪，不同的是此僧面對寶塔。〔註69〕朝陽北塔天宮也有琥珀製品出土，其中有一件微殘的琥珀盤龍體量較大，琥珀正面浮雕盤龍，龍首居中，龍身蜷曲於四周，其一後爪卷住龍尾。整體長 9.5、寬 5.4、厚 2.7 釐米，無孔。此外，在地宮中則出土有若干琥珀珠，多裝飾在水晶瓶蓋及幡上。〔註70〕稍晚一些的內蒙古赤峰市北部的遼釋迦佛舍利塔（俗稱慶州白塔）所出的琥珀製品更加精美，可以算是遼代寺塔出土琥珀之中的精品。其中一尊觀世音菩薩立像十分惹人注目，雕像由柏木雕刻的覆蓮、筒狀薄壁像

〔註69〕天津市歷史博物館考古隊、薊縣文物保管所：《天津薊縣獨樂寺塔》，《考古學報》1989 年第 1 期，第 83～119 頁（或第 153～160 頁）。

〔註70〕董高、張洪波：《遼寧朝陽北塔天宮地宮清理簡報》，《文物》1992 年第 7 期，第 1～28 頁（或第 97～103 頁）。

座和像身組成，通高 19、像高 7.1 釐米。像身由紫紅色琥珀雕刻而成，菩薩身體修長，赤足，雙手捧一蓮蕾於胸前，其額正中鑲嵌珍珠，像座內藏有紙本雕印經咒一卷。另有一蓮蕾舍利瓶，高 9、腹徑 4 釐米，色澤棕紅略透亮，口沿與卵圓底呈對稱五瓣蓮紋刻飾，表壁亦分為五瓣。器蓋殘損，尚可辨認為蒂紐，出土時內置舍利子若干。〔註71〕

慶州白塔出觀世音菩薩立像

採自：孫建華、楊興宇：《大遼公主
——陳國公主墓發掘紀實》，呼和
浩特：內蒙古大學出版社，2008 年。

朝陽北塔天宮出琥珀盤龍

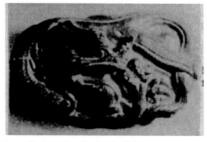

採自：董高、張洪波：《遼寧朝陽北塔天宮
地宮清理簡報》，《文物》1992 年第 7 期。

〔註71〕德新、張漢君、韓仁信：《內蒙古巴林右旗慶州白塔發現遼代佛教文物》，《文物》1994 年第 12 期，第 4～33 頁。

　　遼中期還出現了漢人墓葬中陪葬琥珀製品的情況，如遼寧朝陽姑營子耿氏家族墓。姑營子 M1 保存完好，墓主人耿知新年僅十五歲，其父母為姑營子 M2 的墓主人。M1 出土有一件琥珀人物飾，作扁長形，表面微微隆起，隨形陰線雕刻山石人物，人物為一名老者形象，老者頭戴小冠，身著長袍，右手執曲首拐杖，左手握花草松枝。右下角刻一動物頭像，上下各穿一孔，以供連綴。高 6、寬 3.1 釐米。姑營子 M2 則是一座夫妻合葬墓，墓葬規格較高，墓主人為武平軍節度使耿延毅及其妻。墓中出土隨葬品不僅種類豐富，數量也很大，琥珀製品共有 16 件。其中一件雙鳥琥珀佩飾顏色血紅，品質極為上乘，整體雕刻成兩隻相互依偎的小鳥，紋飾用刀簡練，栩栩如生。佩飾高 4.2、徑 2.4×1.6 釐米。此外還有一件琥珀琀發現於男性墓主口中。此物兩頭平齊，近似長方形，上下貫一細孔，長 4.3、厚 1.5 釐米。耿氏家族在遼朝地位較高，雖《遼史》中記載不多，但也屬於「武功開國」的貴族階層，其墓中出土有琥珀製品並不奇怪，但也顯示出一種時代和政治上的變化。〔註72〕

　　遼晚期出土琥珀的墓葬數量整體上並不如遼中期多，墓中出土琥珀的體量也有所減少。如內蒙古寧城埋王溝第 3 號墓，此墓為一座夫妻合葬墓，墓主人為遼代契丹貴族，墓葬早期被盜，遺留下為數不多的隨葬品，其中有一件琥珀狗，較為精緻，狗整體姿態呈挺胸蹲坐狀，前爪蓄勢待發，長尾卷曲，尾上的毛髮紋理清晰，雕工極為精細，動態也十分精準。〔註73〕相類似情況的還有遼寧省新民巴圖營子遼墓，其也曾被擾動，但隨葬品中還存留有 50 件琥珀製品，其中 40 件為琥珀珠，餘下則以琥珀飾物為主。如一件荷葉式琥珀飾物，琥珀透明且光澤很強，整體作荷葉狀，側面橫穿一孔，長 8.3、寬 6.8、厚 2.4 釐米。其中還有一件復葉琥珀飾，正面凸起，雕刻一葉形花紋，下復重葉，圖案精巧，背面則浮雕心形圖案。飾物兩段有穿孔，長 9.5、寬 7.1、厚 2.9 釐米。〔註74〕朝克圖東山耶律琪墓園中第 4 號墓，墓主人是耶律琪的叔父，身份等級並不算低，此墓也是一座合葬墓，曾遭盜擾。墓中出土有一件束腰形琥珀飾件，雕刻十分精美。琥珀為紅

〔註72〕朝陽地區博物館：《遼寧朝陽姑營子遼耿氏墓發掘報告》，《考古學集刊》1984年第 3 期，第 168～195 頁。

〔註73〕內蒙古文物考古研究所、遼中京博物館：《寧城縣埋王溝遼代墓地發掘簡報》，魏堅主編：《內蒙古文物考古文集（第 2 輯）》，北京：中國大百科全書出版社，1997 年，第 609～630 頁。

〔註74〕馮永謙：《遼寧省建平、新民的三座遼墓》，《考古》1960 年第 2 期，第 15～24 頁（或第 4～6 頁）。

褐色，兩端半圓狀，上各有6個鏤孔，孔與孔之間以鉈機磨出的溝痕相連接。飾件中間束腰處刻有勾連的圖案，兩面圖案相同，長5.9、厚0.6釐米。〔註75〕觀其形狀、結構以及形式，應是服裝或佩飾上的一個配件。

埋王溝 M3 出土琥珀狗

採自：孫建華、楊興宇：《大遼公主——陳國公主墓發掘紀實》，呼和浩特：內蒙古大學出版社，2008年。

新民巴圖營子遼墓出土琥珀飾物（左：荷葉式；右：復葉式）

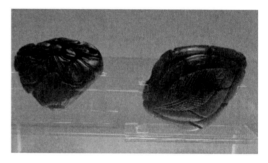

筆者攝於遼寧省博物館。

遼晚期還有幾座漢人墓葬出土有琥珀製品，如山西大同東風裏的一座遼代壁畫墓。該墓出土器物不多，其中有一件琥珀童子十分惹眼，料體色澤橙黃，整體圓雕，童子呈伏臥狀，頭上紮有三髻，面部飽滿，五官清晰可辨，其雙手支於頷下，雙膝併攏雙腳上蹺，腹背貫穿一孔，在童子頷下還有一孔與之相通，長2.7、高1.5、寬1釐米。根據葬式、壁畫及墓中出土的隨葬品推測，墓主人應是一位信仰佛教並具有一定等級身份的漢人。〔註76〕具有同樣宗教背景的墓葬還有遼寧省朝陽市西上臺村的一座遼墓，此墓早年被盜，但整體保存較好，出土文物比較豐富，其中有一件琥珀飾件，可惜已經殘損。殘件為六瓣花樣式，正中及每葉花瓣上均透雕有一小孔。相對的兩葉間距為2.6、葉寬0.7釐米，背部向內凹陷，厚0.5釐米。據分析，此墓墓主應當與遼晚期名僧大院有所關聯，很有可能墓主本人是地位較高的高僧。〔註77〕

縱觀遼墓出土的琥珀製品，以佩飾為最大宗，遼早期出土琥珀的墓葬，其

〔註75〕 劉冰、馬鳳磊、趙國棟：《赤峰阿旗罕蘇木蘇木遼墓清理簡報》，《內蒙古文物考古》1998年第1期，第27～35頁（或第39頁）。

〔註76〕 劉俊喜、侯曉剛、江偉偉、蘭靜、馬雁飛：《山西大同東風裏遼代壁畫墓發掘簡報》，《文物》2013年第10期，第42～51頁（或第1～2頁）。

〔註77〕 韓國祥：《朝陽西上臺遼墓》，《文物》2000年第7期，第50～64頁（或第1頁）。

墓主人皆為契丹貴族，等級往往較高，單墓出土的琥珀數量不多，但也有可能是隨葬品流失所造成的。目前可見的遼早期琥珀佩飾中，已經出現較為大型的琥珀珠飾，其餘佩飾題材與前代區別不大。遼中期出土琥珀數量增加，其製作工藝明顯更為嫻熟，題材和功能也開始更為多樣化，以琥珀製成的刀柄、握手、琲等非裝飾用途的器物開始出現，尤其值得注意的是遼中期出現的具有宗教性質的琥珀製佛教法物。此外，琥珀製品也開始出現於身份地位尊貴的漢人墓葬中。到了遼晚期，出土琥珀數量雖然不多，但往往材料品相良好、雕飾精緻，其工藝較遼早期有十分明顯的發展和轉變，在遼代琥珀製品整體的簡約形象之上，轉而工細，佩戴方式也開始出現了豐富的變化，裝飾意味明顯增強。除了僧人和有佛教信仰的漢人，出土琥珀的墓葬依舊以契丹貴族墓葬為主，但階層似乎從整體上有所擴大。

朝克圖 M4 出土束腰形琥珀飾件

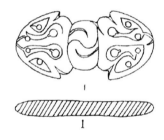

採自：劉冰、馬鳳磊、趙國棟：《赤峰阿旗罕蘇木蘇木遼墓清理簡報》，《內蒙古文物考古》1998 年第 1 期。

東風裏 M1 出土琥珀童子

採自：劉俊喜、侯曉剛、江偉偉、蘭靜、馬雁飛：《山西大同東風裏遼代壁畫墓發掘簡報》，《文物》2013 年第 10 期。

朝陽西上臺遼墓出土琥珀飾件

採自：韓國祥：《朝陽西上臺遼墓》，《文物》2000 年第 7 期。

第四節　陳國公主墓出土琥珀及墓主概況

　　1986 年，陳國公主墓於今內蒙古自治區通遼市奈曼旗青龍山鎮斯布格圖村被發掘，編號為 M3。墓葬為中型多室壁畫墓，全長 16.4 米，前室帶東西耳室總寬 6.7 米，由墓道、天井、前室、東耳室、西耳室和後室 6 部分組成，方向為 136 度。墓葬前室整體呈長方形，券頂；兩耳室與後室則呈圓形，穹廬頂；後室平面呈圓形，形狀類似游牧民族居住的氊帳，其前室墓門門額以上有磚雕彩繪仿木結構的屋簷，壁畫繪於墓道東西兩側、前室東西兩壁及其頂部，分別為牽馬的僕役、男女侍者、日、月、星、雲、天象、白鶴等。前室中部發現一盒墓誌，志蓋為方形盝頂，陰刻篆書「故陳國公主墓誌銘」3 行 8 字，周圍陰刻雲紋、團花、十二生肖像。墓誌銘印刻楷書 27 行，每行 6 到 27 字不等，全文共 513 字，書法工整，字跡清晰可辨。

陳國公主墓出土琥珀示意圖

筆者製作；原圖採自：內蒙古自治區文物考古研究所、哲里木盟博物館：《遼陳國公主墓》，北京：文物出版社，1993 年。

陳國公主墓保存完好，出土時隨葬品大多數仍在原位，數量多達 3227 件，總用金 1700 餘克，銀 10000 餘克，主要出土於前室、東西耳室、後室和後室中屍床上。前室中除墓誌外，隨葬品大多為生活用品；東耳室主要放置飲食器皿；西耳室放置馬具和一些儀衛明器；後室的隨葬品主要出土於供臺和屍床上，但在室內還發現有銀帶、絲鞓蹀躞帶、玻璃器、玉器、木弓囊、銀器、銅器等。公主和駙馬隨身穿戴的除銀絲網絡外，還有金面具、鎏金銀冠、金銙銀帶、金器、玉佩、金首飾、銀靴以及瑪瑙、水晶、珍珠、玉等各種材質的佩飾。其中，琥珀製品 34 件（組／副），包括頭飾、耳墜、項鍊、瓔珞、佩飾、武器等多種類別，全部出土於屍床上。出土琥珀的造型有魚、鴻雁、鴛鴦、雙鳥、蠶蛹、龍、蓮花、胡人馴獅等，顏色則有橘紅、黃紅、褐紅等。因為長時間置於死者身上，受屍體腐蝕污染以及水的浸泡，出土時有的已經發生變質和變色，有的材料酥脆易碎，但多數保存情況良好。

公主的屍體位於屍床南部外側，其頭戴琥珀珍珠頭飾 1 組，頭飾用 2 根長度相同的細金絲將 122 顆小珍珠串成 2 串，珍珠略有殘損，每顆直徑 0.35 釐米，金絲直徑 0.04 釐米。金絲對折擰成兩個長環狀，兩端各繫 1 件龍形飾件，2 件琥珀龍形飾件大小相同，橘紅色，龍的形象雕刻成昂首翹尾，龍身鏤雕，腹下雕刻 1 朵雲紋，雲紋上各穿 3 孔，內穿金絲，下垂金飾片。琥珀龍形飾件長 5.1、寬 3.5、厚 1.1～1.35 釐米。金飾片有 6 組，每組由 2 件菱形小金片和 5 件尖葉形小金片以金絲連綴而成，其中菱形金片長 1.8、寬 1.1 釐米，尖葉形金片長 1.2、上寬 0.5、厚 0.025 釐米。公主項上佩戴有 1 組琥珀珍珠項鍊，由 8 串以金絲穿連的珍珠和 1 件琥珀墜飾、3 顆琥珀珠組成。琥珀墜褐紅色，長 7.8、寬 3.6、高 5.6 釐米，兩側橫穿 1 孔，孔中穿 8 根金絲，分成兩股，共繫珍珠 700 餘顆（略殘損，現存 700 顆），直徑 0.3 釐米。金絲末端各穿 1 件直徑 0.8～2.3 釐米的圓形琥珀珠，所餘金絲一端擰成環形，一端再穿 1 件小琥珀珠，起搭扣作用，扣掛於另一端的金環上。此外，公主胸佩琥珀瓔珞 2 組，其中佩戴於外圈的琥珀瓔珞，1 組 264 件，由 5 串共計 257 顆紅褐色、形狀不規則的琥珀珠和 5 件琥珀浮雕飾件、2 件素面琥珀料以銀絲相間穿綴而成（出土時穿繫琥珀串珠的銀絲已殘斷，部分串珠散亂，整理時按出土原狀，並參照駙馬瓔珞復原成形，形制與駙馬瓔珞基本相同），周長 159 釐米。琥珀珠分為橢圓形和棗核形 2 種，長 1.4～2 釐米，直徑 0.8～1.5 釐米。5 件浮雕琥珀飾件中 4 件題材為不同姿態的龍，還有 1 件浮雕蓮花，大小不一，串於胸部正中一

件最大，長 7～12.3、寬 5.1～6.8、厚 2～3.4 釐米。佩於內圈的琥珀瓔珞，1 組 69 件，由 60 顆琥珀珠和共計 9 件圓雕、浮雕、雞心型、圓柱形琥珀飾件以細銀絲相間穿綴而成（出土時珠串殘斷散亂，已復原）。周長 113 釐米，銀絲徑 0.1 釐米。其中雞心型素面飾件 1、圓柱狀素面飾件 1，其餘 7 件雕刻紋樣皆為龍紋，大小相近，均為長 4、寬 3.8 釐米左右。公主胸部正中置胡人馴獅琥珀佩飾 1 件，琥珀紅色，略呈長方形，正面浮雕胡人馴獅，兩側穿 1 孔，長 8.4、寬厚 3.4 釐米。公主雙手手掌內各握有一琥珀握手，出土時分別套於銀絲手網之外。其左手所握雙鳳紋琥珀握手，橘紅色，橢圓形，長 6.7、寬 4.3、厚 2 釐米。握手正面浮雕雕對鳳，兩側有孔，繫金鏈，金鏈長 9 釐米。其右手所握 1 件蟠龍形琥珀握手，黃褐色，圓雕一蟠龍，長 6.2、寬 4.8、厚 2.1 釐米。握手兩側橫穿 1 孔，內穿金絲，繫有金鏈，長 9 釐米。

公主腰部左側有琥珀柄鐵刃器 3 件，木質鞘，上口及下部皆鑲銀套，兩銀套之間又用細銀絲纏裹。鞘內裝有 3 件琥珀柄鐵刃器，因銹蝕嚴重，無法取出。鞘上所繫銀鏈已殘斷。器物通長 12.8 釐米。公主腰部右側又有琥珀柄鐵刀 1 件，出土時已略有變形，刀前端也已殘斷。刀為鍛製，厚脊單面刃，刀的一面靠近刀背處有一條線狀凹槽。刀末梢呈錐形，嵌入刀柄之中，刀柄用琥珀製成，八棱形，刀與柄連接處鑲八棱形銀套。所配素面鑲金銀刀鞘，是用薄銀片打製、焊接而成，刀鞘口部呈八棱形，卷沿，下部為橢圓形長筒。鞘筒上、中、下部各鑲有一金套。鞘的上部一側焊接 1 根繫銀鏈用的銀條，中空，內穿銀鏈。刀身長 13.8、寬 1.6、刀柄長 8.6、通長 22.4 釐米，刀鞘長 22.1、口長 2.5、寬 1.9 釐米。鏈長 22 釐米，銀環直徑 1.6 釐米。公主腰部右側另有 1 件魚形盒琥珀佩飾，用 2 塊琥珀料各雕刻成魚形，以子母口扣合。魚嘴部穿孔，內穿金鏈，長 7 釐米，鏈上端繫 1 金環，直徑 1.1 釐米。魚尾部則各釘 1 合頁形金片，分別用 3 個金鉚釘固定，其中 1 頁金片上繫有金鏈，鏈的一端焊於合葉上，一端有 1 根金插銷，扣合後插入插孔內。魚盒長 7.8、寬 4.7、厚 3.5 釐米。公主右腿上部出有蠶蛹形琥珀佩飾 8 件，大小基本相同，蠶蛹嘴部均鑽有 1 孔，其中一件長 4.5、寬 1.9、高 1.5 釐米。

駙馬的屍體置於屍床北部內側，其胸前同樣佩琥珀瓔珞 2 組，其中外圈瓔珞 1 組 421 件，出土時戴於頸上，垂於駙馬胸腹部，由 416 顆琥珀珠和 5 件琥珀浮雕飾件組成。用 7 根細銀絲將琥珀珠與琥珀浮雕飾件相間穿綴而成（出土時珠串略有殘斷和散落，已復原）。瓔珞周長 173 釐米，銀絲直徑 0.1 釐米。5

件浮雕飾件題材中穿於頸後的 2 件浮雕飾件較小，題材為對鳥和荷葉雙魚，長 5.9～6、寬 4.9、高 1.8 釐米，其餘 3 件浮雕均為龍紋，長 10～11、寬 6～8.5、高 2.8～3.2 釐米。同公主所佩相似，駙馬頸上內圈瓔珞為 1 組 73 件（出土時珠串右側殘斷略有散亂，珠串左側基本完好，已修復），由 64 顆圓球形琥珀珠和 9 件琥珀飾件以細銀絲相間穿綴而成，周長 107 釐米，銀絲直徑 0.1 釐米。琥珀珠，橘紅色，大小略有不同，直徑 0.8～1.4 釐米。除雞心型墜與圓柱形墜為素面外，飾物題材有狻猊、獅子、龍，其中 4 件狻猊題材琥珀飾件大小相近，長 3.4、寬 2.7、高 2 釐米，2 件龍紋浮雕琥珀飾件長 4.7～4.9、寬 3.6、寬 4.3、厚 2.1 釐米，正中一件臥獅形圓雕最大，長 6.1、寬 4.6、高 2.7 釐米。駙馬腹部放置有龍紋琥珀佩飾 1 件，橘紅色，略呈圓角長方形，正面浮雕龍，兩側鑽 1 孔，長 6.7、寬 4.7、高 2.6 釐米。同公主相同，駙馬雙手也各握有 1 件琥珀握手，其左手所握為蓮花雙鳥紋琥珀握手，橘紅色，浮雕，橢圓形。正面浮雕蓮花雙鳥，長 6.4、寬 4、厚 2.3 釐米。握手兩側橫穿 1 孔，內穿金絲，金絲兩端繫金鏈，鏈長 8 釐米。其右手則握 1 件龍紋琥珀握手。紅色，浮雕，橢圓形。正面浮雕龍，長 6.2、寬 4.5、厚 2 釐米。兩側橫穿 1 孔，內穿金絲，繫有金鏈，長 11 釐米。

駙馬腰部所繫銀蹀躞帶右側懸掛有琥珀柄銀刀 1 件，配有鎏金銀鞘（出土時略有變形，已修復）。刀身細長，為鍛製而成，厚脊單面刃，刀尖與刀刃均十分鋒利。刀身後端打製呈錐形，嵌入圓柱狀琥珀刀柄中。刀鞘用一塊長條薄銀片打製卷曲成筒形，合縫處焊接，焊接橢圓形薄銀片作底，筒上下各以 1 個銀箍加固。鞘的上部一側焊接 1 根繫銀鏈用的銀條，中空，內穿銀鏈。刀連柄通長 30.4 釐米，刀鞘長 32、口徑 2～2.6 釐米，鏈長 33 釐米。駙馬左腿上部置有雙魚形琥珀佩飾 1 件，圓雕，紅色，魚頭部有 1 穿孔。長 5.1、高 1.4 釐米。另有一雙鳥形琥珀佩飾，也置於駙馬左腿上部，琥珀為橘紅色，長 3.5、寬 3.2、高 2.5 釐米，飾正面浮雕雙鳥偎依於一處，上部正中有穿孔。又有橢圓形琥珀佩飾 2 件，大小相同，紅褐色，橢圓形長片，正面微凸，左右對稱有 2 孔。長 4.1、寬 1.8、厚 0.5 釐米。駙馬左腿下部則置有 1 件瓶形琥珀佩飾，橘紅色，表面光潔無紋飾，整體呈扁平橢圓形，形同鼻煙壺。附荷葉形蓋，蓋頂有兩個斜孔，子口。瓶為直口，圓腹，肩部另有兩個對稱的穿孔。通高 6.2、寬 4.7、厚 2.2、腹深 4 釐米。

陳國公主墓墓室透視圖

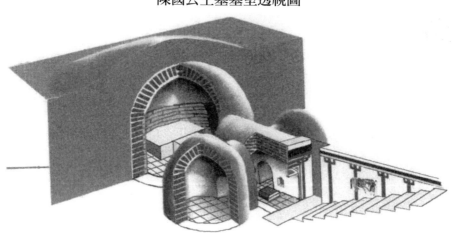

採自：孫建華、楊興宇：《大遼公主——陳國公主墓發掘紀實》，
呼和浩特：內蒙古大學出版社，2008 年。

　　除公主與駙馬屍身上佩戴和放置的琥珀製品之外，屍床上也出土有一部分。其中，屍床東南部公主銀枕周圍散落有 1 組琥珀串珠，1 組 160 顆，圓球形，大小稍有不同，紅褐色，直徑 0.9～1.2 釐米。又有蓮花紋琥珀佩飾 3 件，其中 2 件壓於公主銀枕下，1 件位於銀枕南部，大小略有差別。其中屍床東部一件，橘紅色，橢圓形，正面浮雕 1 朵蓮花，無穿孔，長 5.3、寬 4.6、厚 2 釐米。屍床東側中部還有琥珀珍珠耳墜一副（42 件），兩隻大小相同，以其中一件為例，耳墜由 1 件金鉤和 4 件琥珀飾件、6 顆大珍珠、10 顆小珍珠（根據組合應有 11 顆）以細金絲相間穿綴而成。金鉤直徑 0.15 釐米，6 顆大珍珠直徑0.8 釐米，10 顆小珍珠直徑 0.3 釐米，4 件琥珀飾件為橘紅色，整體均雕刻成龍魚形小船，船上有划船、捕魚者，其雕刻細節各有不同之處。由上至下第一件最大，長 4.8、寬 0.9、高 1.5 釐米，其餘三件大小相同，均長 3、寬 0.9、高1.2 釐米。屍床上東部置荷葉雙雁紋琥珀佩飾 1 件，黃褐色，略呈橢圓形，正面浮雕荷葉雙雁，兩側橫穿 1 孔，長 7.3、寬 4.7、高 2.1 釐米。屍床上東部又出鴛鴦琥珀佩飾 1 件，紅色，整體雕刻成鴛鴦形，長 6.2、寬 3.4、高 4.4 釐米，鴛鴦腹底鑿空，腹內深 2.5 釐米，底口長 3.7、寬 2 釐米，用 1 橢圓形金片封堵，金片長 3.9、寬 2.3 釐米，兩側安合頁於腹底固定連接。鴛鴦腹部鑽孔，內穿金鏈，鏈繫金環，金鏈長 5.5、小金環直徑 0.8 釐米。屍床東部還出 1 件鴻雁琥珀佩飾，紅色，整體雕成鴻雁形，長 5.3、寬 2.8、高 4 釐米。鴻雁腹部鑿空，上有荷葉形小金蓋，蓋頂飾以環形小鈕，鈕上繫長 3.2 釐米的金鏈，鏈

另一端繫於鴻雁頸部。最後，屍床東部還出有 1 件交頸鴛鴦形琥珀佩飾，紅褐色，鴛鴦交頸而臥，頭部正中有 1 穿孔，長 2.6、寬 1.5、高 1.6 釐米。〔註78〕

陳國公主墓平面圖

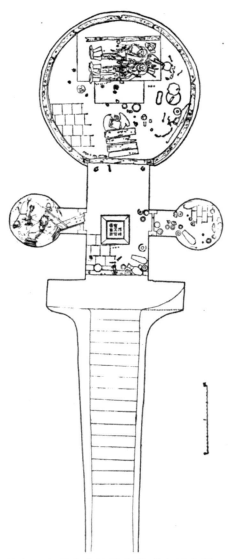

採自：內蒙古自治區文物考古研究所、
哲里木盟博物館：《遼陳國公主墓》，北
京：文物出版社，1993 年。

〔註78〕內蒙古自治區文物考古研究所、哲里木盟博物館：《遼陳國公主墓》，北京：文物出版社，1993 年。

　　該墓為二次葬，駙馬蕭紹矩先於公主去世，公主則是亡故於遼開泰七年三月，同年閏四月祔葬於此。公主與駙馬在《遼史》中均無傳，也無更多記錄，僅有短短墓誌為憑。陳國公主的祖父是遼景宗耶律賢，祖母則是睿智皇后（後尊為承天太后）蕭綽，二人在遼史中均有詳細記載。公主之父耶律隆慶是耶律賢與蕭綽的次子，其兄正是遼聖宗耶律隆緒。耶律隆慶（生於 973 年，卒於1016 年），字燕隱，小字普賢奴，八歲封恒王，統和十六年（998 年），徙王梁國。開泰初，更王晉國，進王秦晉。其擔任過侍中、南京留守、太師、政事令、大元帥等要職。〔註79〕開泰元年（1012 年）更是得聖宗欽賜鐵券，〔註80〕《乘軺錄》有「隆慶者，隆緒之弟，契丹國母蕭氏之愛子也，故王以全燕之地而開府焉」的記載，其榮寵之盛可見一斑。耶律隆慶深得睿智皇后蕭綽和聖宗的信賴，作為耶律隆慶的嫡女，公主理應自幼備受呵護。〔註81〕公主的母親正妃蕭氏是景宗長女秦晉國大長公主觀音女與駙馬蕭繼遠的長女，冊為秦國妃，也是耶律隆慶的外甥女，生有吳國公主與陳國公主兩女。公主有五位異母兄弟，查葛行一，漢名耶律宗政，遂哥行二，漢名耶律宗德，謝家奴行三，漢名耶律宗允，驢糞行四，漢名耶律宗教，蘇撒行五，漢名耶律宗誨。其中宗政、宗允與宗教三人皆有墓誌出土，兄弟五人均被封王，在中央與地方上各有任職，這也表明其家族權勢地位之穩固。〔註82〕

　　駙馬都尉蕭紹矩，曾任泰寧軍節度使，封檢校太師。其祖父為蕭思溫，是遼太宗時的駙馬，歷經四朝，是景宗十分倚仗的大臣，又是景宗的岳父（即公主之祖母為駙馬的姑母）。其父蕭隗因，尚黏米衮公主，拜駙馬都尉，曾任平州節度使，生女齊天皇后（追尊仁德），即為聖宗的岳父。蕭紹矩是長子，是仁德皇后之兄，此外其還有一弟蕭浞卜，曾任北府宰相，地位頗高。但興宗以後，蕭紹矩的家族也沒落了，其成員除被殺者，都不再顯於世。〔註83〕而此時

〔註79〕〔元〕脫脫等：《遼史》卷 64《皇子表》，北京：中華書局，2016 年，第 1088 ～1089 頁。

〔註80〕〔元〕脫脫等：《遼史》卷 15《聖宗本紀六》，北京：中華書局，2016 年，第 188 頁。

〔註81〕〔北宋〕路振：《乘軺錄》，趙永春輯注：《奉使遼金行程錄》，北京：商務印書館，2017 年，第 14 頁。

〔註82〕李宇明：《遼聖宗朝皇太弟耶律隆慶及其諸子為官仕宦述評》，《赤峰學院學報（漢文哲學社會科學版）》2016 年第 5 期，第 7～10 頁。

〔註83〕張柏忠：《陳國公主與駙馬蕭紹矩的家世》，《內蒙古文物考古》1992 年第 1～2 期，第 39～50 頁（或第 38 頁）。

權勢頗盛的蕭紹矩，既是仁德皇后的兄長，其年齡理當長於仁德皇后，據《遼史》推測，仁德皇后應生於統和元年（983 年），駙馬的年齡應較陳國公主年長十八歲至二十歲。耶律隆慶卒於開泰五年，其時陳國公主年十六，契丹習俗早婚，若公主未嫁，又須為父守喪無法成婚，故十五、六歲時應當已經嫁給了蕭紹矩。二人成婚之後不到兩年，駙馬先於公主去世，至多又經過一年半載，公主也亡故祔葬，可歎兩人婚姻和生命的短暫。

　　耶律隆慶在世時，權勢龐大，其既是聖宗親弟，地位極高，且「其調度之物，悉侈於隆緒」。〔註84〕公主身份地位高貴，又受到聖宗寵愛，〔註85〕獲封太平公主。而此時仁德皇后也正得勢，榮寵加身，其兄與耶律隆緒之嫡女聯姻，公主出嫁時必有來自父親和叔父的大批賞賜、嫁妝。

陳國公主墓誌志蓋拓本

採自：內蒙古自治區文物考古研究所、哲里木盟博物館：《遼陳
國公主墓》，北京：文物出版社，1993 年。

〔註84〕〔北宋〕路振：《乘軺錄》，趙永春輯注：《奉使遼金行程錄》，北京：商務印書館，2017 年，第 14 頁。

〔註85〕見《故陳國公主耶律氏墓誌銘並序》（內蒙古自治區文物考古研究所、哲里木盟博物館：《遼陳國公主墓》，北京：文物出版社，1993 年，第 114～116 頁）：公主病時「聖上親臨顧問，愈切撫憐，詔太醫以選靈方、服良藥」。

陳國公主墓誌志文拓本

採自：內蒙古自治區文物考古研究所、哲里木盟博物館：《遼陳
國公主墓》，北京：文物出版社，1993 年。

　　在契丹人的眼中，奔赴死亡的過程在公主準備出嫁時就已經需要考量
了。一個人的墓葬在生前已經開始布置，並不是十分稀奇的事情，歷代帝王
營建陵墓，往往是幾十年之功。儘管縱向地在歷史中進行觀察，這種做法發
生在女性的身上，十分令人感到驚奇，但在契丹人眼裏，這卻是十分平常的。
按照契丹婚俗，皇室女在成婚之時已經需要準備喪葬用品，如《遼史・儀衛
志》所載，若公主下嫁，需要陪送送終車、架牛、祭羊乃至覆屍所用的禮儀
用品等：「青幰車，二螭頭、蓋部皆飾以銀，駕用駝，公主下嫁以賜之……送
終車，車樓純飾以錦，螭頭以銀，下縣鐸，後垂大氈，駕以牛。上載羊一，
謂之祭羊，以擬送終之用。」「賜其婿朝服、四時襲衣、鞍馬，凡所須無不備。
選皇族一人，送至其家。」〔註86〕又有明確記錄稱：「親王女封公主者婚儀：
倣此，以親疏為差降。」〔註87〕最終，在公主去世時，這些在成婚的過程中

〔註86〕〔元〕脫脫等：《遼史》卷 55《儀衛志一》，北京：中華書局，2016 年，第 1001
　　　　頁。
〔註87〕〔元〕脫脫等：《遼史》卷 52《禮志五》，北京：中華書局，2016 年，第 960
　　　　～961 頁。

所使用或者準備的物品，又進入了墓葬的序列，作為陪伴公主最終的貼身物品，成為墓葬這個「歸宿」的一部分。這可以歸結成一種把女子出嫁後的生老病死仍視為自家事情的民族習俗，[註88] 在這一系列觀念的驅使之下，公主之父與駙馬先後去世，聖宗「因思同氣，追懷手足之悲，俯念諸孤，特降絲綸之命，自太平進封越國公主。」此後不久，公主身故，聖宗又行追封、賻贈，其死後隨葬物品的數量與質量可想而知。

　　陳國公主墓中出土的大量的、各種珍貴材質的陪葬品，其中不乏公主成婚時備下的嫁妝。如此豐富的琥珀及其中多種材質的珍貴器物，與陳國公主的身份、地位，乃至其特殊的人生經歷都緊密相關。且不可否認的是，在這個耐人尋味的過程中，成婚與死亡，「喜」與「喪」，最終在墓葬空間中發生了奇妙的交疊與轉化。在這種解讀視角下，不僅僅是本文的主角琥珀，而是整個墓室，甚至包括其中的棺床和各種擺設也都被賦予了全新的意義，並透露出一些契丹人對死亡與新生的理解。

[註88] 宋德金：《遼代的婚姻與家庭形態》，中國社會科學院科研局編：《宋德金集》，北京：中國社會科學出版社，2008年，第37～59頁。

第三章　琥珀題材的多樣化

　　陳國公主墓出土的琥珀製品雕飾精美，其題材也十分豐富多樣，以動、植物為主，圖案並不刻板，即使相同題材，也有很多變化，數量最多的題材有龍、蓮花，次多的有魚、荷葉、雙鳥、鴛鴦、獅子（狻猊），此外還有鴻雁、鳳、摩羯、胡人、蠶蛹和除琥珀珠之外的素面無雕刻的琥珀佩飾及器物。筆者將通過幾個個案，對其題材的表現以及內在含義進行詳細分析。

第一節　琥珀瓔珞中的題材與秩序

　　龍、蓮花、荷葉這類的圖案主要體現在公主與駙馬分別佩戴的 2 組大型瓔珞之上。其中，除了數量較多的素面琥珀珠，其餘飾件上，「龍」顯然是雕刻裝飾題材中的最大宗。公主佩戴的較為大型的瓔珞中，共有 7 件大型飾件，其中 5 件有浮雕，2 件並未過多打磨的不規則飾件串綴在瓔珞佩戴的頸後部，其餘 5 件均可垂掛於胸前。其中，穿於左側上部的一件琥珀飾件，整體略呈不規則的橢圓形，色澤呈明亮、均勻的橘黃，正面浮雕一條龍，龍昂首目視前方，一爪向前伸出，鼻孔微張，怒目圓睜，其尾部盤繞擺動，整體動勢似在前行。側面橫向貫穿一孔，連綴在瓔珞之上。飾件的側、背面均打磨得十分平滑，但從整體形狀來看仍是隨琥珀材料本身的形狀進行雕刻和輕微的塑造。穿於右側上部的飾件，則是這 5 件之中唯一一件題材不是「龍」的飾件，此飾件整體呈略方的橢圓形，形狀較為圓潤，色澤呈橘黃色，與上一件十分相近，正面浮雕一朵形狀飽滿的蓮花，蓮蓬前方的蓮瓣排布有三層，

蓮蓬兩側及後部的蓮瓣則單層排布，共 19 瓣，刻畫十分精細，正前方的蓮瓣雕刻在整體呈圓形的琥珀材料的微微凸起處，立體感十分強，側背面同樣打磨得光滑平整，側面橫貫一孔，穿綴於瓔珞之中。穿於左側下部的琥珀飾件，顏色橘黃，整體呈橢圓形，表面較為平整，正面浮雕一條盤曲身體的蟠龍，龍曲頸垂頭向身後回視，可見一目大張，其尾部上卷，整個身體將頭部盤在中間，三爪以不同方向分佈在琥珀上部，整體構圖飽滿。該飾件材料稍薄，背面並未打磨至平滑，而是對材料有所保留，側面中部偏下橫穿 1 孔，串綴在瓔珞上。穿於右側下部的琥珀飾件，形狀色澤與前述相近，但正面浮雕圖案是行龍戲珠，龍的形態與穿於左側上部的飾件相類似，只細節有所不同，且龍嘴前方刻有一枚火焰寶珠，該飾件背面與上一件相類似，並未打磨至完全平滑，但材料整體更厚，側面正中橫鑽一圓孔。此瓔珞上最大的琥珀飾件則是穿於下部正中的 1 件浮雕飾件，器物呈較扁的橢圓形，顏色比以上四件暗，呈褐紅色。正面浮雕一條回首的蟠龍，龍頭上角、須皆有刻畫，且能看到呲出的牙齒。龍前爪呈蹲臥狀，後爪蹲踞在地，龍身騰起卷曲，不可見全貌。龍尾則由後爪之間向頭部伸出翹起，尾尖卷曲，與龍首相呼應。此件側背面打磨異常平整圓滑，側面正中橫貫有一孔。值得一提的是，從正面垂掛的視角來看，除下部正中最大的飾件是以頭上腳下的角度穿綴外，其他四件均是圖案上部朝向左側，下部朝向右側。

陳國公主所佩琥珀瓔珞 Y118（外）、Y104（內）

採自：內蒙古自治區文物考古研究所、哲里木盟博物館：《遼陳國公主墓》，
北京：文物出版社，1993 年。

駙馬所佩琥珀瓔珞 X116（外）、X112（內）

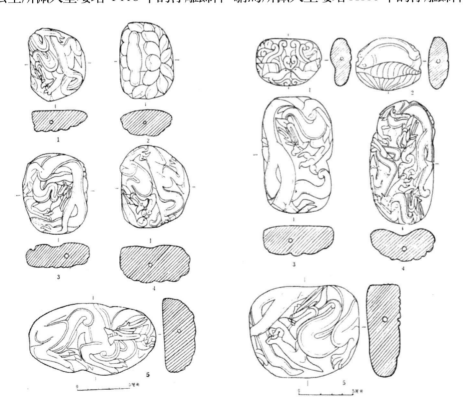

採自：內蒙古自治區文物考古研究所、哲里木盟博物館：
《遼陳國公主墓》，北京：文物出版社，1993 年。

公主所佩大型瓔珞 Y118 中的浮雕飾件　駙馬所佩大型瓔珞 X116 中的浮雕飾件

採自：內蒙古自治區文物考古研究所、哲里木盟博物館：《遼陳國公主墓》，北京：
文物出版社，1993 年。

　　駙馬佩於頸部外圈的大型瓔珞，則共有 5 件浮雕飾件，較公主所佩少 2 件素面不規則飾件，但從整體來看，周長更長，琥珀珠也更多。其中穿於上部左側的琥珀飾件，色澤橘紅，整體呈不規則的橢圓形，正面浮雕對鳥，構圖呈中心對稱分布，兩隻鳥兒以喙相接，展翅，尾巴修長卷曲，極具裝飾性。鳥首之上與鳥腹下方皆雕刻對稱的卷雲做襯。背面打磨不算平整，有凹凸起伏感，側面中心橫穿一孔。穿於右側上部的琥珀飾件，顏色稍暗，為紅褐色，橢圓形，按照上述公主所佩瓔珞浮雕飾件的方向排布，浮雕應為荷葉在上，其下雕刻游動姿態的雙魚，魚游動之間荷葉上翻半片，整體圖案動感極強。穿於中部左側的浮雕飾件則雕有一條蟠龍，材料為紅褐色，整體呈較方的橢圓形，浮雕圖案中蟠龍回首怒目呲牙，龍身整個浮於龍首上方，前爪與尾部相接，其背面平整光滑，側面中部橫穿一孔。穿於中部右側的飾件色澤呈偏鮮豔的橘黃色，整體橢圓形，正面浮雕身體相纏組成一個橢圓形的雙龍，兩龍均張口，以首相對，腳爪與尾巴相互糾纏，圖案正中雕刻一枚火焰寶珠。琥珀正面凸起，背面凹陷，側邊中部橫穿一孔。最後一件穿於下部正中的橘黃色飾件，呈橢圓形，浮雕一條曲頸昂首的龍，龍兩前爪位於身體兩側，右前爪呈拳狀，三趾清晰可見，龍尾部扭轉向前與龍首相觸，整體姿態似正在騰雲駕霧向前行進。其背面十分平整，側面中部偏上橫貫一孔，穿於瓔珞之中。在這其中，上部的 2 件雕飾整體皆較為嬌小，位置雖取代了公主之瓔珞上的 2 件素面飾件，但具有浮雕的視覺效果，其排列應與公主之大型瓔珞中的上中部 2 件浮雕飾件相對應，圖案朝向也相一致。

　　有趣的是，在兩組瓔珞上有雕刻的飾件之中，按上文所推測的排布方式所示，其中兩枚相同位置的飾件，一件裝飾以蓮花，一件裝飾為荷葉，這顯示出二者之間可能具有某種特殊的呼應關係。瓔珞佩飾特殊的出土位置及其與墓主身體的緊密關係提示，此類貼身飾物是極具象徵性的私人所有物。但它們的大小和體量又顯示出它們不可能作為日常佩戴的首飾，而更偏向於一種禮儀性的佩飾，很可能是公主下嫁駙馬時，為其夫婦二人專門製作的陪葬用品。駙馬先於公主亡故，其屍身上所穿戴的包括銀絲網絡、面具、服飾等等都不大可能是在公主祔葬時再度穿戴上身的。而這類專門的禮儀用品，其上的題材有所講究也不足為奇。在這些有浮雕的飾件上，包括圖案的朝向，龍的條數均大體一致，不符合整體方向和題材的只有駙馬大型瓔珞上，中部右側的 1 件琥珀飾件的朝向，和駙馬所佩瓔珞上部左側的對鳥浮雕飾的題材。相類似的題材排佈

在公主與駙馬所佩的小型瓔珞（內圈）中也有一定的表現。公主的小型瓔珞上共 7 件有雕刻的琥珀飾件，均以龍為主題，而駙馬所佩的小型瓔珞上的雕刻題材則更多表現為獅子、狻猊，只有下部左右兩側的浮雕飾件題材是龍，其中兩件小型瓔珞中的雞心型和圓柱形素面墜飾，則是遼代出土的琥珀瓔珞中十分常見的固定配置。〔註 1〕這四件瓔珞上包括琥珀珠和飾件的間隔數量等並不能保持完全一致，可見這種題材和數量的排布並不是一種嚴格的一一對應，而更像是一種大致規律下的自由發揮，這也側面解釋了駙馬所佩大型瓔珞的上中部右側所穿琥珀飾件與其他飾件方向不一致的原因。

耶律宗教墓出土琥珀獅飾

採自：魯寶林、辛發、吳鵬：《北鎮遼耶律宗教墓》，孫進己、馮永謙、蘇天鈞主編：《中國考古集成東北卷遼（三）》，北京：北京出版社，1997 年。

朝陽北塔天宮出琥珀盤龍　　　　　　小努日遼墓出土盤龍琥珀握手

採自：董高、張洪波：《遼寧朝陽北塔天宮　採自：武亞芹、王瑞青：《內蒙古科左中旗小地宮清理簡報》，《文物》1992 年第 7 期。　努日木遼墓》，《北方文物》2000 年第 3 期。

〔註 1〕於寶東：《遼金元玉器研究》，呼和浩特：內蒙古大學出版社，2007 年，第 31 頁：於寶東認為此類飾件的內涵一是瓔珞的組成構件，二則是唐遼時盛行的「蹀躞七事」中的兩種飾件。

　　而龍、獅子這樣的題材在諸多遼墓出土的琥珀中其實並不常見，除了陳國公主墓出土了上述大量以此為題材的琥珀製品外，僅見於少量佛塔和墓葬。如北鎮耶律宗教墓中也有出土 1 件琥珀獅飾，整體色澤呈較為明亮的茶黃色，獅子呈側臥狀，獅身向左蜷縮，獅頭向右趴伏在右前爪上，眉眼皆備，雙目微合，整體狀態似在休憩。其尾部略有殘損，向上覆向後背，趾清晰可見，頭、尾之上鬃毛卷曲，刻畫精細，長 5、寬 4、高 2.9 釐米。耶律宗教墓早年被盜掘，出土隨葬品並不豐富，但其正是陳國公主的異母兄弟，身份地位自可與陳國公主相對應，據其出土墓誌顯示，其身負要職，也是權勢頗盛的契丹大貴族。〔註 2〕再如上文曾經列舉的朝陽北塔天宮中出土的 1 件琥珀盤龍，細觀這件琥珀雕刻，其顏色整體呈褐色，正面浮雕一條身體蜷曲翻騰的盤龍，龍首位於構圖的視覺中心，龍頭高昂，龍角高高聳起，目大張，其中一隻後爪與尾部相糾纏，雕工細緻，沒有穿孔。朝陽北塔是皇家佛塔，其中遺物的規格也可與契丹皇室直接匹配。〔註 3〕而同樣前文曾經描述過的內蒙古科左中旗小努日遼墓出土的 1 件盤龍題材的琥珀握手，整體是較為規則的橢圓形，正面浮雕圖案的構圖與上一件北塔天宮所出類似，畫面上主體的龍身周圍還雕刻有卷雲紋。小努日遼墓雖無明確的墓主信息，但從出土隨葬品的種類和工藝來看，墓主人的政治地位和經濟實力都不容小覷，也應是契丹高等級貴族。〔註 4〕綜上所述，「龍」與「獅子」題材的表現，應該是和契丹高等級貴族或皇家背景相匹配的。

　　遼發展至聖宗時期，隨著交流的加深，已經受到了中原儒家文化十分廣泛且深入的影響，這不僅表現在對民族正統的認知、思想觀念的變化上，也在多種類的藝術以及日常生活中有所體現，如上文所述的龍、蓮花、荷葉、雙魚、雙鳥等都是儒家文化中所常常使用和表現的題材。龍自古以來是皇家的象徵，遼代的龍紋，在陳國公主墓中也有體現墓主身份秩序的內涵。遼代龍題材的圖案表現是與唐代一脈相承的，早在契丹人建立遼國早期，就俘虜了大批漢人，這其中不乏各種工匠，而這些漢族工匠所製造和描繪的器物和裝飾圖案中所

〔註 2〕　魯寶林、辛發、吳鵬：《北鎮遼耶律宗教墓》，孫進己、馮永謙、蘇天鈞主編：
　　　　　《中國考古集成　東北卷遼（三）》，北京：北京出版社，1997 年，第 1952～
　　　　　1956 頁。
〔註 3〕　董高、張洪波：《遼寧朝陽北塔天宮地宮清理簡報》，《文物》1992 年第 7 期，
　　　　　第 1～28 頁（或第 97～103 頁）。
〔註 4〕　武亞芹、王瑞青：《內蒙古科左中旗小努日木遼墓》，《北方文物》2000 年第 3
　　　　　期，第 32～35 頁（或第 113～114 頁）。

蘊含的中原民族風格和意涵，隨之進入了遼代，並且影響了契丹紋飾題材的發展。〔註5〕這其中自然包括龍，也包括更多流行的樣式。契丹民族對龍的尊敬與崇拜觀念形成得很早，據《遼史・地理志》記載，契丹民族最早的領袖奇首可汗所居住之地被稱為「龍庭」，亦即之後的「龍化州」。〔註6〕這是龍的意象在契丹皇族的早期觀念中佔據重要地位的表現。契丹皇族對「龍」文化的認同，也表現出他們對中原封建王朝的基本觀念和禮儀、制度等方面的接受和推許。遼統治者把「尊孔崇儒」作為基本國策，〔註7〕遼後期的「華夷同風」之說，是契丹民族將自身的統治系統和政權融入華夏民族自古以來的傳承譜系之中的直接體現，更表現出其對儒家文化的高度認同。〔註8〕正如遼早期，契丹皇帝在捺缽時居留的可以移動的氈帳，其雖然不如後期修建的宮殿一般壯麗、輝煌，裝飾卻也極盡華美，並且極力突出了龍的形象。這種藩漢結合的特徵，既表明龍的形象能夠一定程度上代表契丹皇室，同時也表明，居住氈帳的契丹皇帝如中原王朝的帝王一樣，都認為自己是龍這一神聖形象的化身。〔註9〕

　　而相應的，蓮花、荷葉、雙魚則有可能是對公主、駙馬二人夫妻身份的呼應。這其中蓮紋是遼代較為流行的裝飾題材之一，多見於墓葬壁畫、金銀器及陶瓷器之上，這種現象應與遼代佞佛有一定的相關性，陳國公主墓中也出土有很大一部分此類題材的隨葬品，但在陳國公主及其駙馬佩戴的瓔珞上，它們所體現出來的含義更為豐富。首先，前文曾經提及，關於陳國公主墓中隨葬的各種材質珍貴、工藝精美的隨葬品中，有很大一部分是公主出嫁時的嫁妝，墓中也有不少題材成雙的飾物，包含有吉祥象徵的信息。自古以來，各個民族在為男女雙方結合、成婚而準備的聘禮或嫁妝之中，往往不能缺少一類包含期許夫妻生活和睦美滿的主題的作品。且契丹公主出嫁時，皇家會為公主準備好的一系列陪嫁物品中，無論是專門製作的明器，抑或是日常生活中使用的日用器，

〔註5〕 梁淑琴：《略論遼代龍紋飾》，遼寧省博物館編：《遼寧省博物館學術論文集（1999〜2008）》，瀋陽：遼海出版社，2009年，第485〜489頁。

〔註6〕 〔元〕脫脫等：《遼史》卷37《地理志一》，北京：中華書局，2016年，第505頁。

〔註7〕 高福順：《尊孔崇儒　華夷同風──遼朝文教政策的確立及其特點》，《學習與探索》2008年第5期，第224〜228頁。

〔註8〕 武玉環：《論契丹民族華夷同風的社會觀》，《史學集刊》1998年第1期，第11〜16頁；高福順：《遼朝在中國古史譜系中的歷史定位》，《中國邊疆史地研究》2019年第2期，第110〜126頁（或第215頁）。

〔註9〕 李錫厚、白濱，白鋼主編：《中國政治制度通史　第七卷　遼金西夏》，北京：社會科學文獻出版社，2011年，第47頁。

其中的物品包含有能夠象徵夫妻身份的題材是十分正常的。且遼代的夫妻合葬墓中，也有一些包含有此類題材的飾物出土。如萬金山第 1 號墓出土的一件荷葉交頸鴛鴦琥珀飾件，整體呈紅褐色，略殘，圓雕，底部雕刻一朵 12 瓣荷葉，荷葉上雕刻兩隻交頸而臥的鴛鴦，雕飾於荷葉正中間貫穿一孔。萬金山第 2 號墓出土的一件殘損較為嚴重的深紅色琥珀飾件，觀其浮雕圖案，與 M1 出土的飾件中的荷葉部分十分類似，殘損前，可能也是以荷葉為主題。萬金山第 1、2 號遼墓均為合葬墓，其中 M2 應為一家三口人同葬。〔註 10〕此外，前文亦曾列舉過新民巴圖營子遼墓出土的一件荷葉式琥珀飾物，其材質半透明，呈鮮豔的橘紅色，整體略呈三角形，分為上下構圖，雕刻成幾片荷葉聚集在一處的景象。無獨有偶，新民巴圖營子遼墓也是二次葬的夫妻合葬墓，且墓主人身份等級也並不低。〔註 11〕而荷葉、蓮花這類的題材在合葬墓中的多次出現，也是其對夫妻關係的一種反映。綜上所述，公主與駙馬所佩瓔珞上題材整體的一致性和不對稱性既體現出了二人身份地位的微妙差距，也反映出了二人作為夫妻從身份上的客觀聯繫——蓮花與荷葉相伴，葉下雙魚嬉戲，本就是一幅歲月靜好的美妙圖景。

萬金山 M1 出土的   萬金山 M2 出土的琥珀飾件
荷葉交頸鴛鴦琥珀飾

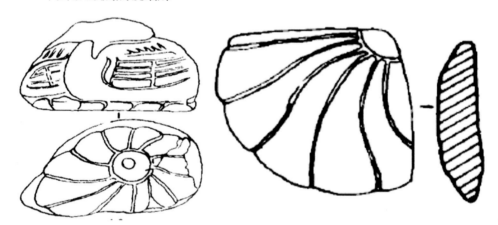

採自：劉冰、馬鳳磊、趙國棟：《赤峰阿旗罕蘇木蘇木遼墓清理簡報》，《內蒙古文物考古》1998 年第 1 期。

〔註 10〕劉冰、馬鳳磊、趙國棟：《赤峰阿旗罕蘇木蘇木遼墓清理簡報》，《內蒙古文物考古》1998 年第 1 期，第 27～35 頁（或第 39 頁）。

〔註 11〕馮永謙：《遼寧省建平、新民的三座遼墓》，《考古》1960 年第 2 期，第 15～24 頁（或第 4～6 頁）。

又如陳國公主墓中出土的多件成雙成對的鳥、魚等題材，鴛鴦便是其中之一。鴛鴦向來成雙成對出現，其中鴛為雄，鴦則為雌，也因其習性，而被人們認為是夫妻恩愛的象徵。西晉崔豹《古今注》中有載：「鴛鴦，水鳥，鳧類也。雌雄未嘗相離，人得其一，則一思而至死，故曰疋鳥。」〔註12〕這也反映了古人對鴛鴦象徵性的認識——即對男女之間愛情的期許和美好祝願。在世俗文化盛行的唐代，鴛鴦圖像在生活中的應用非常普遍，唐代文學、藝術作品中以鴛鴦為表現主題的不勝枚舉。而唐代的繪畫、絲綢、瓷器及金銀器上，鴛鴦也是經常被表現的題材，其中往往包含著對夫妻關係的類比，〔註13〕諸如雙魚這種成雙成對出現的動物形象也是此類的儒家題材。漢樂府詩歌中即有一首廣為流傳的《採蓮曲》：「江南可採蓮，蓮葉何田田。魚戲蓮葉間，魚戲蓮葉東，魚戲蓮葉西，魚戲蓮葉南，魚戲蓮葉北。」〔註14〕詩中魚與蓮葉的互動，正是對男女之間交往的比興。而此詩中的意象與上文曾描述的公主與駙馬所佩琥珀瓔珞中暗喻夫妻身份的浮雕飾件正相吻合。唐代以「雙魚」來比喻愛情的文學作品更是多不勝數。如韓愈有「青青水中蒲，下有一雙魚。君今上隴去，我在與誰居」的詩句，〔註15〕岑參也有「昨見雙魚去，今看卿馬歸」的感歎，〔註16〕均是以「雙魚」的意象來借指男女之間的夫妻關係。而契丹人受唐代頗多影響，對鴛鴦、雙魚有此類認知也不足為奇。李清泉曾在其研究中提出「唐遼轉型」——意即在遼代，複合的遼文化總體的發展趨勢，是各族文化融入漢族文化的，而作為主體的漢文化，在遼代墓葬中體現出了一種「平民化」的文化傾向。〔註17〕而在陳國公主墓中出現的這類表現為雙魚、鴛鴦等題材的隨葬品，乃至其中所體現出的世俗文化進入墓葬的情形，也正可以與此說相互印證。

〔註12〕〔西晉〕崔豹：《古今注》卷中，北京：中華書局，1985 年，第 12 頁。

〔註13〕王麗梅：《唐代金銀器禽鳥圖像研究》，《中華文化論壇》2016 年第 12 期，第 43～49 頁。

〔註14〕〔北宋〕郭茂倩，聶世美、倉陽卿校點：《樂府詩集》，上海：上海古籍出版社，2016 年，第 638 頁。

〔註15〕〔唐〕韓愈：《青青水中蒲三首（其一）》，〔北宋〕郭茂倩，聶世美、倉陽卿校點：《樂府詩集》，上海：上海古籍出版社，2016 年，第 1099 頁。

〔註16〕〔唐〕岑參：《奉送李賓客荊南迎親》，黃勇主編：《唐詩宋詞全集》，北京：北京燕山出版社，2007 年，第 594 頁。

〔註17〕李清泉：《宣化遼墓　墓葬藝術與遼代社會》，北京：文物出版社，2008 年，第 337 頁。

第二節　蠶蛹形琥珀中的信仰與意涵

　　同樣值得注意的還包括出土時位於公主右腿上側的 8 枚蠶蛹形琥珀佩飾，琥珀色澤鮮亮，極類蠶蛹在自然界中真實的顏色，8 件蠶蛹均為圓雕，整體雕刻手法寫實，翅膀、嘴部和腹部的紋路皆清晰可見，栩栩如生，每枚蠶蛹略有區別，其嘴部均從側面橫向鑽孔，出土時於公主右腿上有規則地圍成一圈，其下葬時似有絲線之類的連綴物將其組合。蠶蛹題材的表現在遼代的墓葬中十分少見，同以琥珀表現蠶蛹題材的實例僅從南京幕府山東晉墓中可見到 1 件，其也於頭部有 1 鑽孔，高 2.5 釐米，但出土時具體位置和細節已不可考，〔註 18〕能夠提供的信息也非常少。陳國公主墓出土的這 8 件蠶蛹形飾物的有趣之處在於它的視覺空間性，其排列和布局與公主和駙馬身上主要佩戴的各種琥珀佩飾均有不同。在公主和駙馬屍身上對於琥珀的擺放視角來看，二人身上所佩戴的琥珀製品，包括頭飾、項鍊、腰帶上懸掛的佩飾等的擺放，從整體上看是人站立著，而項鍊和腰佩的飾物垂掛下來的視角，但 8 枚蠶蛹卻似乎是公主的屍身安置後，又專門擺成了比較規則的形狀，形成了一個俯視的觀看角度；且在駙馬腿部相對位置出土的 1 件雙鳥形琥珀佩飾、1 件雙魚形琥珀佩飾和 1 件橢圓形素面琥珀佩飾雖均為琥珀材質，但是題材和形式也並不能相對應，故這 8 件蠶蛹與二人屍身上的各種搭配均不能產生有效的呼應。這種現象說明這一組蠶蛹佩飾出現在陳國公主墓中是具有一定特殊功能和意義的，不僅在於它的題材，更在於它的組合關係，而這種題材和形式，以及其視覺空間效果上的不對稱性也值得更進一步的解讀和探究。

　　這串琥珀蠶蛹，在陳國公主墓中表現出來的特殊之處不止一點，其雖然有穿孔，但目的並非是為了單個懸掛在腰間或佩戴在身上，而是使用絲線串成一串，擺放成圓形以平攤的方式放置在公主的屍身上，這明顯與同樣在屍床上出土的其他佩飾有用途上的區別。若從更加開闊的視角來看這幾件陪葬品，很容易可以發現，8 枚蠶蛹相互串聯而聚合在一起，組成了一個中空的圓，這在中國古代的禮器中是非常常見的。而關於這種中空的形式，巫鴻認為，其關係到這類物品的禮儀性質和宗教含義，且不僅僅牽涉到形式，也牽涉到器物的內部空間。〔註 19〕禮器的本質是其被人們所賦予的思想的固定表現形式──凝固的觀

────────────────

〔註 18〕易家勝、阮國林：《南京幕府山東晉墓》，《文物》1990 年第 8 期，第 41～48 頁。
〔註 19〕〔美〕巫鴻，錢文逸譯：《「空間」的美術史》，上海：上海人民出版社，2017
　　　　年，第 93～94 頁。

念被人們注入關於物品的記憶中而進一步達到傳承的目的。這個漫長的過程最終復現在歷史及當下的現實中，即為特定的器物出現在特定的儀式現場和儀式的重要環節中，成為承載和完成儀式的象徵。而蠶蛹的特別，無疑傳達出其在陳國公主的喪葬過程中所承載的部分儀式功能。這也進一步解釋了為什麼只有這8件琥珀蠶蛹在墓中由琥珀圍裏的屍床上略顯格格不入的原因。

陳國公主墓出土琥珀蠶蛹

採自：https://kuaibao.qq.com/s/20200114A0S6EB00?refer=spider 最後檢索時間：2021.3.4，21.51。

紅山文化梭形玉蛹

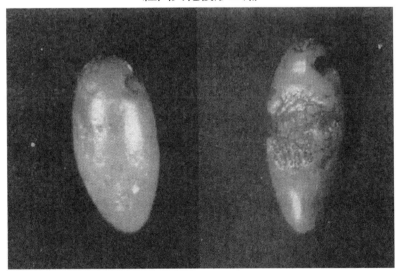

採自：孫守道：《孫守道考古文集》，瀋陽：遼寧人民出版社，2017年。

　　且這 8 枚琥珀蠶蛹無論大小、形狀、還是顏色，都可謂栩栩如生，製作得尤其寫實，這與墓中出土的其他物品也有極大區別。而這說明蠶蛹是契丹人日常生活中能夠時常接觸到的一種形象，更進一步地講，這種形象進入墓葬，是有其內在邏輯的。陳國公主墓中蠶蛹形琥珀的出土，也為遼代墓葬中出土的大量精美絲織物做下了腳注。如遼駙馬贈衛國王墓、〔註20〕解放營子遼墓、〔註21〕小努日遼墓、〔註22〕耶律羽之墓〔註23〕等墓葬中均有絲織類文物的出土，慶州白塔也出土了大量精美的絲織物，〔註24〕主要為服飾、幔帳、披帕、帙袱、旌幡及裝飾等。結合文獻中顯示的有關於遼代絲織產品供應的記錄來看，〔註25〕遼代的紡織業已經相當發達。且遼代出土的紡織品不僅數量巨大，裝飾工藝也極為複雜，如緙絲、遼式斜紋緯錦、暗花紡織等不同的織造技術也都較為成熟。而墓葬中的蠶蛹在這樣一種時代背景下看來，在反映遼代蠶絲生產情況的同時，也可以看做為公主在地下世界營建的「家園」配備的生產者。

　　中國養蠶業技術比絲織生產技術起源要晚，古代先民最早使用的絲織品是在野外採集蠶繭後再進行加工而成的，〔註26〕而且有學者認為，蠶桑的起源是與巫術直接相關的。古代先民剪開蠶蛹，是為了占卜吉凶，而蠶絲和絲織品則是育蠶的進一步發展，是巫師經營之下的產物。〔註27〕而關於蠶蛹形狀的器物，遼代以及中國整個中古時期的出土文物中能夠找到的實例非常少，向上檢

〔註20〕鄭紹宗：《赤峰縣大營子遼墓發掘報告》，《考古學報》1956 年第 3 期，第 1～26 頁（或第 131～140 頁）。

〔註21〕項春松：《內蒙古解放營子遼墓發掘簡報》，《考古》1979 年第 4 期，第 330～334 頁（或圖版六，或圖版七）。

〔註22〕武亞芹、王瑞青：《內蒙古科左中旗小努日木遼墓》，《北方文物》2000 年第 3 期，第 32～35 頁（或第 113～114 頁）。

〔註23〕齊小光、王建國、從豔雙：《遼耶律羽之墓發掘簡報》，《文物》1996 年第 1 期，第 4～32 頁（或第 97～100 頁）。

〔註24〕德新、張漢君、韓仁信：《內蒙古巴林右旗慶州白塔發現遼代佛教文物》，《文物》1994 年第 12 期，第 4～33 頁。

〔註25〕〔北宋〕路振：《乘軺錄》，趙永春輯注：《奉使遼金行程錄》，北京：商務印書館，2017 年，第 20 頁：「沿靈河有靈、錦、顯、霸四州，地生桑、麻、貝、錦，州民無田租，但供蠶織，名曰太后絲蠶戶」。

〔註26〕敬德、鄒芙都：《巫師群體在中國養蠶絲織技術起源中的作用探討》，《文化遺產》2020 年第 1 期，第 94～102 頁。

〔註27〕牟永抗、吳汝祚：《水稻、蠶絲和玉器——中華文明起源的若干問題》，《考古》1993 年第 6 期，第 523～533 頁（或第 564 頁）。

索，目前也僅能在紅山文化的玉器中見到一些實物。孫守道將紅山文化玉器中的蠶與蟬形象作了十分細緻的區分，在此基礎上，又將其中與蠶有關的玉器進一步分為蠶形玉與蛹形玉。在蛹形玉中，又進一步細分為繭形蛹、梭形蛹、錐形蛹、匕形蛹四類。由此明確提出了「蛹形玉」這一概念。〔註28〕根據這種分類方式，陳國公主墓出土這 8 件蠶蛹形琥珀則明顯可歸於紅山文化玉器中梭形蛹一類。紅山文化的玉器中，表現蠶不同生命階段的不同形象的作品非常多，由此可見，蠶的形象在紅山文化中確實是有一定地位的。而無論是蠶作為幼蟲、繭，抑或是蠶蛾形狀的玉器，這種對蠶生命狀態變化的關注，強調的正是蠶的羽化與蛻變，以及它們不斷輪迴的生命力。

對生靈的關注折射出的是古人對蠶這種動物的原始崇拜，這種圖騰崇拜中蘊含有一定的宗教意義，而蠶蛹形象的玉器在紅山文化中的反覆出現，正是最好的證明。紅山文化發源於中國古代北方，其宗教文化中十分重要的內容是薩滿教文化，甚至可以更進一步說薩滿教文化是中國文化的源頭之一，北方文化更是深受其影響。〔註29〕薩滿教名稱來自通古斯—滿語「薩滿」（Shaman）一詞，直譯為無所不知的人。北方狩獵民族的萬物有靈論是薩滿教思想的基礎，其主要特徵是薩滿教的多層宇宙觀。巫術在原始時代人們的日常生活中佔有十分重要的地位，而學者們往往認為紅山文化所出土的玉器是當時的巫用來通神的一種工具，而巫這種職業或分工即是薩滿教中的薩滿。早期宗教中的薩滿地位非常之高，屬於社會組織中的特權階層，在部落時代，有一些氏族的部落首領身兼薩滿一職，〔註30〕一些古代游牧部落則把自己的酋長稱作博（男巫），又稱為可汗。〔註31〕遼寧建平牛河梁遺址發掘的有隨葬品的墓葬共 31 座，其中僅僅隨葬玉器的墓葬即有 26 座，〔註32〕古方稱這些墓葬的墓主人為

〔註28〕 孫守道：《紅山文化「玉蠶神」考》，《孫守道考古文集》，瀋陽：遼寧人民出版社，2017 年，第 221～237 頁。

〔註29〕 孟慧英：《中國北方民族薩滿教》，中國社會科學院研究生院博士論文，2000年，第 17 頁。

〔註30〕 古方：《薩滿教特點對紅山文化玉器研究的一些啟示》，赤峰學院紅山文化國際研究中心：《紅山文化研究——2004 年紅山文化國際學術研討會論文集》，北京：文物出版社，2006 年，第 359～378 頁。

〔註31〕 劉小萌、定宜莊：《薩滿教與東北民族》，長春：吉林教育出版社，1990 年，第 18 頁。

〔註32〕 古方：《薩滿教特點對紅山文化玉器研究的一些啟示》，赤峰學院紅山文化國際研究中心：《紅山文化研究——2004 年紅山文化國際學術研討會論文集》，北京：文物出版社，2006 年，第 359～378 頁。

「紅山薩滿」——即巫師，這種墓葬中只有玉器作為隨葬品的現象亦即所謂的「唯玉為葬」。〔註33〕紅山文化玉器中絕大多數有穿孔，是直接縫綴或穿繩懸掛在衣服上面的，這其中表現出的蠶或蠶蛹的形象並不為少。而以玉陪葬，則不僅僅是為了將薩滿生前使用的法器、神器帶入墓葬，同時也是他們高貴的身份和地位的體現。契丹民族信奉的原始宗教即是薩滿教，遼朝專門從事神事活動的宗教職業者，被稱為巫或巫覡，分為太巫、大巫、巫三個等級，巫在契丹皇室的祭祀儀式中扮演著十分重要的角色，如祭山儀、瑟瑟儀等，在《遼史》中均有記載。〔註34〕而契丹人祭黑山與木葉山的習俗，即與薩滿教的祖先崇拜緊密相關。〔註35〕他們的這種信仰不僅在史料記載中有所體現，在考古發掘中也能看到，遼中京出土的遼代文物中有鈴、箭和特殊形制的鐵器，據學者考證，證明是遼代薩滿的神器；〔註36〕而吐爾基山遼墓的墓主人則是以薩滿裝入殮的契丹薩滿。〔註37〕

脫開視野更為廣闊的圖騰崇拜，在薩滿教信仰中，絕大多數魂魄會以小動物的形象出現，蠶蛹正是十分脆弱而敏感的靈魂會化身成為的一類生靈。〔註38〕遼代發展到中後期，漢化進程已頗深，但薩滿教作為其民族的集體記憶，在契丹人的觀念中仍有十分深刻的留存和影響。陳國公主墓出土的 8 枚蠶蛹形琥珀，其形式之特殊，也展示出它們所暗藏的深層次含義，從這一層面上來講，蠶蛹形琥珀正是從宗教儀式和象徵中演化而來的一種喪葬儀式。蠶蛹的蛻變和生命形態的轉化過程中，蘊含的既是對靈魂不朽的願望，也是對死亡與新生的另一種解讀。從另一個角度來講，古時薩滿的喪葬形式，代表的是他們的身份和地位，而在宗教的逐漸發展和進化之中，北方的諸多族

〔註33〕郭大順：《郭大順考古文集　上》，瀋陽：遼寧人民出版社，2017 年，第 189～195 頁。

〔註34〕鄭師渠編：《中國文化通史　遼西夏金元卷》，北京：北京師範大學出版社，2009 年，第 150～151 頁。

〔註35〕劉小萌、定宜莊：《薩滿教與東北民族》，長春：吉林教育出版社，1990 年，第 19～20 頁。

〔註36〕湯清琦：《論中國薩滿教文化帶——從東北至西南邊地的薩滿教》，《宗教學研究》1993 年總第 2 期，第 67～77 頁。

〔註37〕馮恩學：《試論薩滿教宇宙觀對解讀考古現象的重要性》，《貴州社會科學》2012年第 6 期，第 38～40 頁。

〔註38〕古方：《薩滿教特點對紅山文化玉器研究的一些啟示》，赤峰學院紅山文化國際研究中心：《紅山文化研究——2004 年紅山文化國際學術研討會論文集》，北京：文物出版社，2006 年，第 359～378 頁。

群與部落各自對宗教產生了新的理解和內化，這種帶有薩滿教意味的喪葬習俗，也逐漸演變成為一種契丹民族貴族身份的象徵，以及他們用來體現階級地位的習俗。蠶從幼蟲結繭成蛹，再到破繭變成蠶蛾，生命不斷延續，每一個階段之間都彷彿經歷了一次死亡和新生，而蛹正是這一轉變之中最脆弱也最重要的環節。以蠶蛹陪葬這種儀式，彷彿當時契丹人對生的崇敬也被留在了幽深的墓葬之中，這其中深深地隱藏著對公主的靈魂能夠安然得到新生的願望。

第三節　「胡人馴獅」琥珀佩飾中的思想與文化

在一整套秩序之中，有一件較為出跳的，當屬公主胸腹部單獨放置的這件被定名為「胡人馴獅」的琥珀佩飾。這件琥珀佩飾為紅色，整體呈不規則的長方形，長 8.4、寬 6、厚 3.4 釐米。其正面浮雕，背面光滑沒有進行雕刻。兩側橫穿 1 孔，可串線或金、銀絲，但出土時並無串掛，推測其功能應為做佩戴用途的飾品。這件琥珀佩飾正面的雕刻內容為胡人馴獅，雕刻技法精湛，十分精美。佩飾正面右側雕刻一人，此人頭纏巾，圓臉、高顴骨，眼睛深陷，頸上有一環狀物；其身型十分強壯，據考古報告描述，是為袒胸，但其雙臂上疑似有衣褶的表現；下身著短裙，腰束長帶垂於腳下，雙腳著長靴，手中攥一條繩索狀物，整個人身體動態似向後用力拉獅子。佩飾整體形狀以獅子的身體動態為主要依據，人在獅子前，獅子額頭扁平、毛髮捲曲，怒目張鼻，回頭看向馴獅人。整個琥珀佩飾由於在墓中被屍體所腐蝕，材料已經比較脆弱，遍布裂痕，但並不影響整體雕刻工藝給人的精美觀感。其正面雕刻而背面光滑，似是雕刻面向外佩戴以圖美觀。儘管以琥珀為媒介來表現胡人馴獅形象較為少見，但在遼代，表現胡人與獅子形象的佩飾並不是孤例。如四方城漫撒子溝出土的 1 件遼代青玉圓雕馴獅像，不僅形象也表現胡人馴獅，而且與陳國公主墓出土的這件胡人馴獅琥珀佩飾在功能上也有其相似之處。這件雕像材質為青玉，高 13.8 釐米，圓雕，表現一位馴獅人騎跨在獅子身上的形象，雕像腳下有一呈略不規則的圓形底座作為支撐。〔註39〕該像中馴獅人頭頂一冠，面部被一桃心形尖嘴凸目的猴臉面具遮住，故無法確認是否在表現高鼻深目的胡人。此人身著半袖

〔註39〕唐彩蘭編：《遼上京文物擷英》，呼和浩特：遠方出版社，2005 年，第 118～119 頁。

方領短袍，袍上陰刻有網格紋，似乎在表現衣服上的甲片，腰上繫寬帶。馴獅人赤腳騎在獅子背上，左手持一根長棍，右手持一物抬起到獅子嘴邊。獅子四足直立，頭向右揚起至馴獅人手畔，尾巴則向左甩起緊貼馴獅人背部，整體動態彷彿是馴獅人在向獅子餵食。整個雕像雖為圓雕，但馴獅人背部與獅子後腿部分雕刻得較為扁平，並不十分突出，而馴獅人雙耳部有一橫向圓形穿孔，似乎可以懸掛或佩戴。這兩件作品大小較為相近，其中，琥珀佩飾被製作成浮雕，正面及四周雕刻頗為精緻美觀，背面則十分光滑飽滿，呈現出精心打磨過的效果。青玉雕像雖是圓雕，整體都十分光滑，但此像中馴獅人背部與獅子後腿的部分，又都雕刻得十分簡潔，類似平面的浮雕效果，無論是人物和動物的姿勢還是雕刻的技法，均暗示了此雕像有正反面之分。琥珀佩飾從側面橫穿一孔，青玉雕像自馴獅人耳部橫穿一孔，串綴懸掛起來都可以達到正面向前示人的效果，而光滑的背面則可貼身而不至於劃傷身體或衣物，抑或是材料本身貼身或緊貼其他材質放置而不被破壞。雖然都具備懸掛使用的各種條件，但並不能準確得知這兩件雕像是如何串掛或佩戴的。胡人馴獅琥珀佩飾出土時放置於公主腹部，同墓出土的大小相類似的其他琥珀配件有內穿金絲、金鏈者，或許可以作為旁證。

陳國公主墓出土胡人馴獅琥珀佩飾

採自：孫建華、楊興宇：《大遼公主——陳國公主墓發掘紀實》，呼和浩特：內蒙古大學出版社，2008年。

四方城漫撒子溝出土遼代玉雕馴獅像

採自：唐彩蘭編：《遼上京文物擷英》，呼和浩特：遠方出版社，2005 年。

內蒙古哈達英格鄉遼祖州南牆外出土石雕青砂岩殘像

慶州白塔西域人牽獅磚雕

採自：唐彩蘭編：《遼上京文物擷英》，呼和浩特：遠方出版社，2005 年。

採自：張漢君：《遼慶州釋迦佛舍利塔營造歷史及其建築構製》，《文物》1994年第 12 期。

內蒙古敖漢旗出土遼代胡人騎獅瓷像

採自：邵國田：《內蒙古敖漢旗發現胡人騎獅遼瓷像》,《北方文物》
1988 年第 2 期。

寧城縣小劉仗子村 3 號遼墓出土三彩八方形供盤

採自：李逸友：《昭烏達盟寧城縣小劉仗子遼幕
發掘簡報》,《文物》1961 年第 9 期。

　　雖然這兩件作品同樣表現胡人與獅子的形象，但是二者的關係還有所不同，而與陳國公主墓出土胡人馴獅琥珀佩飾使用同樣表現形式的，則有在內蒙古哈達英格鄉遼祖州南牆外 700 米處出土的 1 件石雕青砂岩殘像，通高 12、殘長 18 釐米。〔註40〕其中胡人已經身殘，獅子四足直立於地面，頭部和下頜鬚髯茂密卷曲，側頭大張口，可見口內牙齒與舌頭。獅子背上負一鞍，鞍正上方上雕刻一朵七瓣蓮花。獅子的頸部繫一條長繩索，繩索下端緊緊抓握在馴獅人雙手中。這件殘像對於馴獅人抓握繩索與獅子回頭、張口這些方面的表現均與陳國公主墓出土的胡人馴獅琥珀佩飾上的形象較為相近。可以想見未殘時

<hr>

〔註40〕唐彩蘭編：《遼上京文物擷英》，呼和浩特：遠方出版社，2005 年，第 123 頁。

的整體形態與之相差不大。而與這件作品形象較為相似的還有位於慶州白塔底層東南面的磚雕。這一處磚雕表現了西域人牽獅的形象。[註41]其中的獅子形象與上述青砂岩殘像所表現的獅子形象略為接近，在這件磚雕中，獅子鬃毛卷曲，四肢粗壯，四足各踩一蓮座，背上有鞍韉，其上置一蓮座，尾巴飛揚而起，形態較為威武。獅子頸上繫一條繩索，另一端握於牽獅人手中。牽獅人高鼻深目，下巴蓄有濃密鬢髯，胡人打扮，雙手端於胸前緊握繩索，向前邁步，似正在用力牽引獅子，控制其向前行進的速度，而獅子前方不遠處又有一高鼻深目的胡人形象。值得一提的是，這組形象與天寧寺塔底層西南面直欞窗上的塑像有一定相似之處。塑像主尊為文殊菩薩，其座下為獅，前有「撩蠻」，後有「拂林」，二者都是唐代以後菩薩必備的馬夫侍衛。[註42]在遼代出土的瓷器中，也有一些表現了胡人與獅子的形象。內蒙古敖漢旗出土一件遼代胡人騎獅白瓷像。內蒙古寧城縣小劉仗子村 3 號遼墓出土一件三彩八方形供盤，其形似暖盤，雙色釉，八個側面模壓出印紋相同的圖案，表現為胡人馴獅的形象。

獨樂寺塔胡人樂舞形象

採自：巴景侃：《遼代樂舞》，瀋陽：萬卷出版公司，2006 年（左）；《天津薊縣獨樂寺塔》，《考古學報》1989 年第 1 期（右）。

[註41] 張漢君：《遼慶州釋迦佛舍利塔營造歷史及其建築構製》，《文物》1994 年第 12 期，第 65～72 頁（或第 1～2 頁，或第 97 頁，或第 100 頁）。

[註42] 王世仁：《王世仁中國建築史論選集》，瀋陽：遼寧美術出版社，2013 年，第 101 頁。

胡人吹長笛紋玉帶銙

擊腰鼓人物帶銙

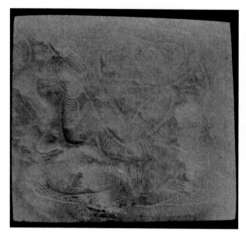

採自：古方：《中國出土玉器全集》，北京：科學出版社，2005年。

採自：唐彩蘭：《遼上京文物擷英》，呼和浩特：遠方出版社，2005年。

正如前文所示，「胡人與獅子」題材的表現在遼代是比較常見的，而它所能體現出的思想文化內涵之豐富，是真正意義上文化觀念的混融。首先，遼代多民族互動情況，前文已多有提及，契丹人與胡人的頻繁往來，相互之間必然會產生非常多的影響，那麼胡人的形象在遼代的藝術品中屢屢出現也就不足為奇了。在遼代的諸多出土文物中，胡人的形象也有多種多樣的表現。除去前文提及的部分表現胡人與獅子形象的出土物，也不乏單獨表現胡人形象的藝術作品。遼上京漢城遺址出土一件質地為玻璃的擊腰鼓人物帶銙，長方形，四角各穿有一個圓孔，原本的白面，其四角各有一個象鼻孔，後又穿新的圓孔，說明此銙的主人經常使用它。雖然材質為玻璃，但觀之潔白如玉，表面光滑。表現胡人形象的帶銙不在少數，如內蒙古自治區敖漢旗薩力巴鄉水泉墓葬出土的一件胡人吹長笛紋玉帶銙，長方形，無穿孔，玉為青白色，表面晶瑩剔透，正面浮雕一胡人形象，雙手握一長笛，高舉至嘴邊作吹奏狀。且除此件外，同墓還出土有7件白玉帶銙，其上浮雕多以胡人演奏樂器為主題，有彈琵琶者、吹篳篥者、吹笙者、打拍板者、擊毛員鼓者、擊雞婁鼓者，除此之外，還有1件表現胡人飲酒主題的帶銙和1件表現胡騰舞形象的白玉鉈尾。除鉈尾外，其餘7件與胡人吹長笛紋玉帶銙大小基本相同，看題材和形制，似為一條玉帶上所出。河北薊縣獨樂寺塔基座上有一組表現胡人樂舞的磚雕，其中基座正南的小樂隊更是非常典型的胡人形象，如其中一件胡人磚雕舞人，人物面貌為典型的高鼻深目的胡人，身體作舞蹈狀。遼代的墓葬壁畫中也有表現胡人形象的，

如耶律羽之墓出土的木質小帳所繪製的由 10 人組成的樂隊壁畫，其中所繪的樂師為西域胡人形象。由此可見，遼代的胡人數量並不為少。而且根據上文的考古材料可以看出，遼代的胡人形象以正在奏樂的樂師，正在表演的馴獅人，或者宴飲場面中飲酒跳舞的表演者形象最為多見，胡人在這些出土或傳世的遼代藝術品中，是十分具有享樂精神的一種形象。

　　我國歷史上關於獅子的記載最早出現在漢代，《漢書・西域傳》中記載了張騫通西域之後，西域各國的物產進入中原地區的情況，其中，便有對獅子等猛獸的相關記錄。〔註43〕同時，《漢書・西域傳》中也出現了關於獅子產地的文字記載。〔註44〕獅子早在先秦時期就已經見於文獻，如《穆天子傳》〔註45〕以及《爾雅》〔註46〕中所載「狻麑（後改為猊）」即為獅子，而漢代之後，獅子作為貢品進入中原地區，方改「狻猊」為「獅子」。〔註47〕班固《西都賦》中也有天子率領群臣在上林苑中狩獵獅子等猛獸的描寫。〔註48〕正史中也有為數不少的，獅子作為貢品進入中原地區的文字記載。〔註49〕

　　魏晉南北朝時期，史書中關於西域向中原地區進貢獅子與獅子產地的記載更加多見。《梁書》中就有記載「滑國」向梁朝進貢當地的物產，也進貢獅子，表明滑國所貢獅子，可能是其國本地的物產。〔註50〕有趣的是，還有一些史料

〔註43〕〔東漢〕班固：《漢書》卷 96 下《西域傳》，北京：中華書局，1962 年，第 3928 頁：「自是之後，明珠、文甲、通犀、翠羽之珍盈於後宮，蒲梢、龍文、魚目、汗血之馬充於黃門，鉅象、師子、猛犬、大雀之羣食於外囿。殊方異物，四面而至」。

〔註44〕〔東漢〕班固：《漢書》卷 96 上《西域傳》，北京：中華書局，1962 年，第 3888 ～3889 頁：「烏弋山離國，王去長安萬二千二百里。不屬都護。戶口勝兵，大國也……烏弋地暑熱莽平，其草木、畜產、五穀、果菜、食飲、宮室、市列、錢貨、兵器、金珠之屬皆與罽賓同，而有桃拔、師子、犀牛」。

〔註45〕〔東晉〕郭璞：《穆天子傳》，北京：中華書局，1985 年，第 4～5 頁：「狻猊□野馬走五百里」。

〔註46〕〔東晉〕郭璞：《爾雅》卷下，北京：中華書局，1985 年，第 127 頁：「狻麑，如虦貓，食虎豹」。

〔註47〕林移剛：《獅子入華考》，《民俗研究》2014 年第 1 期，第 69 頁。

〔註48〕〔南朝梁〕蕭統：《昭明文選》，北京：華夏出版社，2000 年，第 9～10 頁。

〔註49〕〔南朝宋〕范曄：《後漢書》卷 3《肅宗孝章帝紀》，卷 4《孝和孝殤帝紀》，北京：中華書局，1965 年，第 158 頁：「章和元年（87）……月氏國遣使獻扶拔、師（獅）子」；第 168 頁：「（章和二年（88））……安息國遣使獻師子」。

〔註50〕〔唐〕姚思廉：《梁書》卷 54《諸夷傳》，北京：中華書局，1973 年，第 812 頁：「滑國者，車師之別種也……始遣使獻方物……又遣使獻黃師子、白貂裘、波斯錦等物」。

反應了進貢獅子的使者旅途坎坷的相關經歷，如《宋書》中記載有粟特使者路遇流寇，並且遭遇貢品丟失的尷尬情形，而這裡所記錄的粟特使者的遭遇，同時也說明了獅子與養獅人或馴獅人應該是一同進入中原地區的。〔註51〕不僅如此，《南史》中也曾記載蠕蠕國王向南齊君主進獻獅子皮製作的衣物等貢品，並且直接點明了其政治目的——希望與南齊結盟共同討伐北魏。〔註52〕

到了唐代，文獻中有關獅子的記載範圍更加廣闊，《舊唐書》所載與獅子的進貢和產地相關的內容十分豐富：「（貞觀九年（635））夏四月壬寅，康國獻獅子。」〔註53〕太宗為此非常高興，下詔命令時任秘書監的虞世南為之作賦。〔註54〕又有「拂菻國」〔註55〕「波斯」〔註56〕等國向唐進貢獅子的記錄。《新唐書》中也有「大食」〔註57〕「米」國〔註58〕向唐進獻獅子等供物的記載。此外，《新唐書》中，還有西突厥向唐進貢與獅子相關貢品的記錄。〔註59〕同時，

〔註51〕〔南朝梁〕沈約：《宋書》卷95《粟特傳》，北京：中華書局，1974年，第2357～2358頁：「粟特大明中遣使獻生師子、火浣布、汗血馬，道中遇寇，失之」。

〔註52〕〔唐〕李延壽：《南史》卷4《齊本紀上》，北京：中華書局，1975年，第112頁：「（建元三年（481））九月辛未，蠕蠕國王遣使欲俱攻魏，獻師子皮袴褶」。

〔註53〕〔後晉〕劉昫：《舊唐書》卷3《太宗本紀》，北京：中華書局，1975年，第45頁。

〔註54〕〔後晉〕劉昫：《舊唐書》卷198《西戎傳》，北京：中華書局，1975年，第5310～5311頁：「康國……貞觀九年，又遣使獻貢獅子，太宗嘉其遠至，命祕書監虞世南為之賦，自此朝貢歲至」；同見〔北宋〕歐陽修：《新唐書》卷221下《西域傳》，北京：中華書局，1975年，第6244頁：「俄又遣使獻師子獸，帝珍其遠，命祕書監虞世南作賦」。

〔註55〕〔後晉〕劉昫：《舊唐書》卷198《西戎傳》，北京：中華書局，1975年，第5313～5315頁：「拂菻國，一名大秦……開元七年（719）正月，其主遣吐火羅大首領獻獅子、羚羊各二」。

〔註56〕〔後晉〕劉昫：《舊唐書》卷8《玄宗本紀》，北京：中華書局，1975年，第184頁：「（開元十年（722）十月）庚申，至自興泰宮。波斯國遣使獻獅子」。

〔註57〕〔北宋〕歐陽修：《新唐書》卷102《姚璹傳》，北京：中華書局，1975年，第3980頁：「證聖初……大食使者獻獅子，璹曰：『是獸非肉不食，自碎葉至都，所費廣矣。陛下鷹犬且不蓄，而厚資養猛獸哉！』有詔大食停獻」。

〔註58〕〔北宋〕歐陽修：《新唐書》卷221下《西域傳》，北京：中華書局，1975年，第6247頁：「米，或曰彌末……開元時，獻璧、舞筵、師子、胡旋女」。

〔註59〕〔北宋〕歐陽修：《新唐書》卷215下《突厥傳》，北京：中華書局，1975年，第6057頁：「射匱亦連年係貢條支巨卵、師子革等，帝厚申撫結，約與並力討東突厥」。

在這其中也有更多如「天竺國」〔註60〕「師子」〔註61〕「大食」〔註62〕等關於獅子產地的信息和記載。唐人段成式之《酉陽雜俎》中也有提及獅子出自西域。〔註63〕而在唐代，也不乏與獅子相關的異國風俗的內容：《新唐書》中有載「點戛斯」有耍弄獅子的戲曲，〔註64〕「泥婆羅」的君主更是坐騎獅子。〔註65〕唐代市井中也有一些關於貢獅的傳說故事，如《唐國史補》中的記載：「開元末，西國獻獅子，至長安西道中，繫于驛樹，樹近井，獅子哮吼，若不自安。俄頃風雷大至，果有龍出井而去。」〔註66〕

　　胡人與獅子的圖像最早出現是與佛教的傳入直接相關的，貢獅的出現也是隨佛教東傳而同時發生的。獅子在佛教中是一種吉祥瑞照，〔註67〕而這種來自遙遠西方的獅子能夠一定程度上代表世俗權力，他們不僅在佛教造像、壁畫中有所表現，也成為建築門戶的一種經典模式。〔註68〕而胡人作為獅子的陪伴者或馴養者，也是不可或缺的一部分。如前文所示，不僅包括胡人騎獅、胡人引獅等胡人與獅子的造型，也包括胡人和獅子本身，都可以從佛教相關的造像、壁畫中找到相類似的圖像。如慶州白塔上所雕刻的胡人舞獅、舞象和獻寶等一組浮雕，展示的就是在佛誕日胡人所舉行的「行像」表演。〔註69〕那麼世俗圖像中胡人與獅子形象所暗示的佛教內涵也就不言而喻。此外，遼代墓葬隨葬的鎮墓獸中，尤

〔註60〕〔北宋〕歐陽修：《新唐書》卷221上《西域傳》，北京：中華書局，1975年，第6236頁：「天竺國……南天竺瀕海，出師子、豹……」。

〔註61〕〔北宋〕歐陽修：《新唐書》卷221下《西域傳》，北京：中華書局，1975年，第6257～6258頁：「師子，居西南海中……能馴養師子，因以名國」。

〔註62〕〔北宋〕歐陽修：《新唐書》卷221下《西域傳》，北京：中華書局，1975年，第6262～6264頁：「大食……獸多師子」。

〔註63〕〔唐〕段成式：《酉陽雜俎》前集卷16《毛篇》，北京：中華書局，1981年，第157頁。

〔註64〕〔北宋〕歐陽修：《新唐書》卷217下《回鶻傳》，北京：中華書局，1975年，第6146～6148頁：「點戛斯，古堅昆國也……戲有弄駝、師子、馬伎、繩伎」。

〔註65〕〔北宋〕歐陽修：《新唐書》卷221上《西域傳》，北京：中華書局，1975年，第6213頁：「泥婆羅……其君服珠、頗黎、車渠、珊瑚、虎魄垂纓，耳金鉤玉璫，佩寶伏突，御師子大牀，燔香布花於堂，而大臣坐地不藉，左右持兵，數百列侍」。

〔註66〕〔唐〕李肇：《唐國史補》卷上，北京：中華書局，1991年，第26頁。

〔註67〕張永攀：《獅子入華淺談》，《華夏文化》2001年第1期，第62～64頁。

〔註68〕楊瑾：《胡人與獅子：圖像功能與意義再探討》，《石河子大學學報（哲學社會科學版）》2016年第1期，第15～21頁。

〔註69〕李文智、張松柏：《慶州白塔與遼代佛教藝術》，《前沿》1994年第5期，第54～56頁。

其遼代早期的鎮墓獸，受到唐代文化的影響，以獅子的形象最為多見，且大多面目兇猛猙獰，中晚期以後，鎮墓獸的神態則趨於安詳溫順，種類也發生了一些變化，但仍以獅子為主。〔註 70〕鎮墓獸存放在墓室中的功能和職責是保護墓主人和墓室不受到外界的侵擾，獅子的形象作為鎮墓獸的形式之一，提供了這樣一種護衛的可能性，也是獅子在契丹人文化觀念中佔據一席之地的表現。

　　獅子雖然傳入較早，但一直以來也都是在皇室和貴族中小範圍流傳，猛獸的馴養往往十分複雜也頗為昂貴，且獅子遠道而來，並不是普通百姓能夠輕易觀賞和馴養的。他們更為「熟悉」的，是宗教中被神異化的獅子形象，諸如各種辟邪、鎮墓獸的形象以及唐代盛行的《五方獅子舞》，〔註 71〕正是這種觀念的反映。前文也曾經提及「點戛斯」關於耍弄獅子的戲曲的風俗記錄，〔註 72〕而西域樂舞在契丹上層貴族中是備受青睞的舞種，契丹的樂舞更是在西涼樂的基礎上發展而來的。〔註 73〕獅舞在民間本身是一種吉祥舞的表現形式。獅子這種瑞獸在舞蹈中有能夠為百姓帶來吉祥安康的象徵。〔註 74〕而且值得一提的是，《舊唐書》中對《五方獅子舞》記錄道：「太平樂，亦謂之五方師子舞。師子鷙獸，出於西南夷天竺、師子等國。綴毛爲之，人居其中，像其俛仰馴狎之容。二人持繩秉拂，爲習弄之狀。五師子各立其方色，百四十人歌太平樂，舞以足，持繩者服飾作崑崙象。」〔註 75〕這一段內容表明，《五方獅子舞》中既有獅子，又有西域胡人，且扮作胡人的舞者持繩作馴獅狀，可見這種舞蹈形式像是對胡人馴獅這類動作和狀態的一種模仿。遼代的胡人與獅子同唐代的胡人與獅子之間的關係可以說是一脈相承的，在遼代各種宗教建築和墓葬內所表現的樂舞圖像中，胡人與獅子也是較為常見的題材。〔註 76〕遼代的諸多圖像

〔註70〕劉俊玉：《淺談遼代鎮墓獸造型藝術——彰武遼代鎮墓獸研究》，《地域性遼金史研究（第 1 輯）》，北京：中國社會科學出版社，2014 年，第 188～193 頁。

〔註71〕王克芬：《話說〈獅舞〉》，《文史知識》，1991 年，第 3 期，第 64～65 頁。

〔註72〕〔北宋〕歐陽修、宋祁：《新唐書》卷 217 下《回鶻傳》，北京：中華書局，1975 年，第 6146～6148 頁：「點戛斯，古堅昆國也……戲有弄駝、師子、馬伎、繩伎」。

〔註73〕唐彩蘭：《從遼上京發現的馴獅雕像等文物看遼代中西關係》，《華西語文學刊》2013 年第 1 期，第 210～214 頁。

〔註74〕林移剛：《獅子入華考》，《民俗研究》2014 年第 1 期，第 68～74 頁。

〔註75〕〔後晉〕劉昫等：《舊唐書》卷 29《音樂志二》，北京：中華書局，1975 年，第 1059 頁。

〔註76〕劉嵬：《契丹—遼草原絲綢之路上的音樂文化交流——以樂舞圖像為例》，《音樂生活》2020 年第 4 期，第 92～96 頁。

所表現出來的胡人與獅子形象多以一人一獅為主，如胡人手中攜帶胡琴、琵琶、篳篥等樂器作為馴獅工具，在其奏樂跳舞的同時引導獅子做不同動作的表演方式，而這其中也有舞獅人引導獅子在高臺或鼓面上表演雜技等難度較高動作的藝術形象，還有馴獅人於獅子身上或站或騎，以此來展開的表演形式。這種融合多種形式於馴獅為一體的表演，雖然具有非常濃厚的西域色彩，但也已被融入了本土的一系列元素。〔註77〕沈從文先生將一系列胡人與獅子的形象合稱為「醉拂菻弄獅子」，〔註78〕意即胡人身在宴飲場面的情景。《樂府詩集》中一首南梁周舍（或范雲）所作《上雲樂》曲辭，與一首李白擬周舍所作《上雲樂》曲辭中，〔註79〕均有對「老胡文康辭」的描寫，此樂源出於康國，由九姓胡人在東晉初期以前帶入中土。老胡文康樂表演形式頗多，其中有一種接近原生態的胡樂，即為胡人致辭，而獅子、鳳凰、文鹿等假形動物也都有出場的表演形式。〔註80〕而辭中所描寫的「老胡文康」是一個既善飲酒，且能歌善舞的胡人，他的表演中也有獅子出現，形象十分貼近「醉拂菻」。〔註81〕其中所傳達的意涵，不但深化了胡人與獅子形象中的表演成分，還進一步將此類表演中的宗教成分開脫乾淨，從而與慶州白塔上胡人與獅子的「行像」表演、《五方獅子舞》中的演員所扮演的胡人與獅子形象、遼墓中所見的胡人與獅子等樂舞形象的含義表達形成了遞進關係，使其變得純粹世俗化了，體現出一種具有宗教內涵的世俗活動。這類場面作為藝術表現的一類題材，能夠被保留下來，說明其不僅有宗教的象徵意味在其中，也暗含了世俗生活的趣味性與享樂成分，而它在墓葬所代表的死後世界中的頻頻出現，更加清晰地顯現出蘊含在胡人與獅子這種題材之中的宗教性與世俗性的融合。而這件小小佩飾所展現出的地上世界的熱鬧場面背後，又蘊藏著更為深刻的文化與思想的交匯。

綜上所述，雖然這件琥珀飾物的題材在陳國公主墓中僅此一例，但在遼代

〔註77〕 張松柏：《西域馴獸對遼代的影響及其在遼境的傳播》,《內蒙古文物考古》1994年第1期，第20～26頁。

〔註78〕 沈從文：《獅子在中國藝術上的應用及其發展》,《沈從文全集》卷28，太原：北嶽文藝出版社，2002年，第222～232頁。

〔註79〕 〔北宋〕郭茂倩，聶世美、倉陽卿校點：《樂府詩集》，上海：上海古籍出版社，2016年，第654～655頁。

〔註80〕 黎國韜：《〈老胡文康樂〉的東傳與改編》,《西域研究》，2012年，第1期，第101～109頁。

〔註81〕 楊瑾：《胡人與獅子：圖像功能與意義再探討》,《石河子大學學報（哲學社會科學版）》2016年第1期，第15～21頁。

卻並不鮮見，而回到陳國公主墓出土的這件胡人馴獅琥珀佩飾，它整體的造型和雕工，都顯示出這是一件長時間體驗和熟悉馴獅場景的西方匠師的寫實作品，有學者推測此物應是從中亞地區輸入。〔註82〕這件作品既不能表明公主的身份地位，也無法昭示其在功能上的特殊性，它出土時擺放在公主的胸腹正中十分醒目的位置，作為陪葬品，很可能是公主生前十分喜愛的珍貴玩物，死後隨公主的屍身下葬，而它的特殊性，也因公主對它的珍愛而更加突出。

〔註82〕內蒙古自治區文物考古研究所、哲里木盟博物館：《遼陳國公主墓》，北京：文物出版社，1993 年，第 157 頁。

第四章　琥珀的使用功能及其內在觀念

　　在陳國公主墓出土的琥珀製品中，除大量首飾、佩飾外，其中還有一部分具有實用功能，它們的出現表明琥珀材料的使用在遼代契丹貴族階層中已經進入了日常生活。當然，材料自身的特殊屬性從來不是天潢貴胄考慮的因素，他們會使用一切可以利用的珍貴材料，從各種角度去彰顯其手握的權力以及政治地位。但正如人們不大會使用布來製作碗一樣，琥珀的天然特性和它被後天賦予的實用性的相搭配，也確實是一個值得討論的問題，而其在契丹人手中從單純具有裝飾功能逐步走向兼具實用和象徵功能的過程，正是這個問題的關鍵。

第一節　日常的器物：佩盒與瓶

　　陳國公主墓中可供日常使用的琥珀製器物出土數量最多的應屬佩盒，如置於公主腰部右側的 1 件魚形盒琥珀佩飾，整體為鮮亮的橘紅色，由 2 塊琥珀料相合圓雕成一條魚的形狀，2 塊琥珀材料各雕一半，以子母口相扣合。魚的脊背和腹部凸出，身體呈流線型，尾部微微翹起，魚盒腹部鼓起，正如魚的圓潤形狀。魚眼、鰓、腹鰭和尾鰭均以簡練的手法稍作刻畫。盒在魚嘴部穿孔，內穿 1 條金鏈，將 2 塊琥珀材料相互牽繫，鏈頂端有一稍大的金環。魚盒尾部則分別以 3 個金鉚釘釘入合頁形金片固定，其中 1 頁金片上栓有金鏈，將鏈的一端焊在金合葉上，另一端則繫有 1 根金插銷，魚盒扣合後以插銷插入插孔內固定。再如 1 件出土於屍床上東部的鴛鴦琥珀佩飾，琥珀呈明亮的橘紅色，材料已經脆弱不堪。其整體雕刻成鴛鴦的形狀，鴛鴦呈臥伏狀，圓眼大張，嘴部

寬扁,貼於胸前,短頸,雙翅收攏,短尾上翹,其兩足屈于翼下,腹部渾圓,
神態安詳。鴛鴦腹底被鑿空,用 1 片橢圓形薄金片封堵,薄金片兩側安裝合
頁,於鴛鴦腹底固定連接。鴛鴦腹部前方鑽 1 孔,內插 1 小金柱,柱頂端焊接
金鏈,鏈另一端繫有金環。最後 1 件則是出土於屍床東部的鴻雁琥珀佩飾,琥
珀色澤橘紅,整體形狀如壺,雕刻題材是一曲頸回首的鴻雁,鴻雁呈臥伏狀,
眼睛圓睜,嘴部扁平,低首向下將頭貼于翼側,腹部渾圓,尾部略尖,浮雕的
雙足曲於腹下,鴻雁腹部鑿空,雁背緊貼頸部處蓋有一荷葉形小金蓋,金蓋頂
端焊環形小鈕,其上繫金鏈,金鏈的另一端則繫於鴻雁彎折圓滑的頸部,形成
一個掛鏈。在內蒙古扎魯特旗遼代壁畫墓的後甬道東壁壁畫中,有位侍者腰間
所佩的正是一件與此形態極為類似的鴻雁形佩飾,[註1]也是此類配有鏈條的
琥珀製佩盒使用方式的直接表現。自公主腰部出土的這 1 件,當是十分明確的
例證,且駙馬所佩腰帶上多數飾物出土時還是保持以懸掛的形態。器物的種類
雖然是盒,但製作十分講究整體性,要麼以子母口相扣合、抑或以金屬做蓋,
似乎是為了方便輕易攜帶。盒類的飾物在遼代出土有金、銀、玉等多種材質。
但琥珀材質的特性決定成品的重量是非常輕盈的,這是同等大小的其他材質
諸如金、銀、瓷等材料所無法比擬的獨特優點。

鴻雁形琥珀佩飾

採自:內蒙古自治區文物考古研究所、哲里木盟博物
館:《遼陳國公主墓》,北京:文物出版社,1993 年。

〔註1〕 董新林、塔拉:《內蒙古扎魯特旗浩特花遼代壁畫墓》,《考古》2003 年第 1 期,
第 3~14 頁(或第 97~101 頁,或第 1 頁)。

鴻雁形佩飾的佩戴方式

採自：董新林、塔拉：《內蒙古扎魯特旗浩特花遼代壁畫墓》，《考古》2003 年第 1 期。

魚形盒琥珀佩飾

鴛鴦形琥珀佩飾

採自：內蒙古自治區文物考古研究所、哲里木盟博物館：《遼陳國公主墓》，北京：文物出版社，1993 年。

瓶形琥珀佩飾

採自：內蒙古自治區文物考古研究所、哲里木盟博物館：《遼陳國公主墓》，北京：文物出版社，1993 年。

小努日遼墓出土琥珀蝶形盒

採自：孫建華、楊興宇：《大遼公主——陳國公主墓發掘紀實》，呼和浩特：內蒙古大學出版社，2008 年。

　　可以隨身攜帶的小型盒或瓶，早於遼代出土的相類似器物也有不少。如山東省長清縣古邿國的貴族墓地仙人臺 M6 出土了一件春秋早期的隨葬提梁小罐，罐子通體球形，以青銅製作，子母口內斂，圓鼓腹，罐腹部有附鏈式提梁，圈足有蓋，蓋呈半球形，蓋頂有一小鳥，作飛翔狀，蓋面上有兩個環形鈕，與提梁相連，使蓋與器身只能掀起而無法脫離開。蓋頂及腹部飾蟠虺紋，並間有乳釘紋。通高 9.2、口徑 8.5、足徑 8.3 釐米。〔註2〕又如山東棗莊市小邾國墓地 M3 出土的提鏈罐，也是相類似的形制，而上述墓葬所屬的古國，都是東夷文化中重要的一部分。

山東長清縣仙人臺周代墓地 M6 出土隨葬提梁小罐

採自：河南博物院：https://www.chnmus.net/ch/collection/appraise/details.html?id=512152803779286949，最後檢索時間：2024.2.23，21:11。

山東棗莊市小邾國墓地 M3 出土的提鏈罐

採自：河南博物院：https://www.chnmus.net/ch/collection/appraise/details.html?id=512152803779286949，最後檢索時間：2024.2.23，21:18。

　　上述材料明確指出這種有鏈條的可隨身佩戴的器物有其製造的歷史，並且很大可能來源於上古少數民族的風俗與傳統。同時，這種做法也是在移動中生活的人們智慧與創造力的體現。契丹人繼承了這種做法，正因他們的生活習慣與游牧傳統。

　　契丹民族的習性是逐水草而居、隨四時遷徙，建國前就一直以游牧經濟為主，如《北史》中就有對契丹民族早期生活習慣的相關記錄：「逐寒暑，隨水草畜牧」。〔註3〕《遼史》中也有「契丹之初，草居野次，靡有定所」的相關記

〔註2〕　山東大學考古系：《山東長清縣仙人臺周代墓地》，《考古》1998 年第 9 期，第 11～25 頁（或第 97～101 頁）。

〔註3〕　〔唐〕李延壽：《北史》卷 94《契丹傳》，北京：中華書局，1974 年，第 3128 頁。

錄。〔註4〕游牧的生活環境十分惡劣，條件也非常艱苦，《遼史·營衛志》中有載：「大漠之間，多寒多風，畜牧畋漁以食，皮毛以衣，轉徙隨時，車馬爲家。此天時地利所以限南北也。」〔註5〕在唐太宗時期，契丹民族得到了唐王朝的庇護，社會生產力迅速發展，但仍以游牧為主要的生活生產方式。遼開國以後，經歷過一系列的戰爭、變革和發展，契丹民族逐漸結束了這種「轉徙隨時，車馬爲家」的游牧方式，開始轉入安定的定居生活。但即便定居以後，契丹人仍舊從上古游牧民族傳統中保留下來了移動的生活所帶來的危機感與動盪感。諸如「捺鉢」這類最具契丹特色的制度和文化也是刻意保持的集體的民族記憶，這使他們仍然善於製造和使用便攜性強的工具和日用器物。琥珀所製成的可隨身攜帶的佩盒和刀都是這種民族習慣的體現。這些佩飾或器物大多在適當的部位有穿孔，在保持器物盛放方向不變的同時也能保證它的便攜性。歷史上所謂的「蹀躞七事」，則是人們在腰間所佩蹀躞帶上繫掛弓箭、紛帨、算囊、刀礪等各色實用器具，而這些器具與佩飾顯然是使用者為適合遷徙或放牧所需的，發生在馬背上的諸多活動而專門設計製作的。同時，生活在馬背上的游牧民族出於其移動的特性，而將財產制成金器佩飾等隨身攜帶的可能性也非常高。

慶州白塔出蓮蕾琥珀舍利瓶

採自：德新、張漢君、韓仁信：《內蒙古巴林右旗慶州白塔發現遼代佛教文物》，《文物》1994 年第 12 期。

〔註4〕〔元〕脫脫等：《遼史》卷32《營衛志中》，北京：中華書局，2016 年，第 427 頁。
〔註5〕〔元〕脫脫等：《遼史》卷32《營衛志中》，北京：中華書局，2016 年，第 423 頁。

　　然而，琥珀製品雖然體量輕巧，觀之非常適合外出時佩於腰間做容器使用，但它有一個致命的缺點，即它的易損性——琥珀材料硬度非常低，摔之即碎，在惡劣的環境中很難良好地保存，遑論從生前的馬背顛簸中帶入墓葬。故而，若是以佩戴並盛放物品這樣一種實用性作為考量的基礎，琥珀是一種不合格的製作材料。這種材料的特性決定它即使在日常生活中被使用，也必然要在器物主人精心呵護之下才能發揮它本身作為器物的功用。這就將琥珀佩盒歸入了只有作為公主和駙馬這樣身份的契丹高級貴族才能夠使用的奢侈品這一類別。其更進一步指向的，則是高級貴族用來彰顯身份和地位的高等級材料。但若換一個角度去考量，珍貴材料正是因其自身的稀少和珍貴而被人們所更為珍視，這也可以被看做是上層階級使用它們的深層原因。正如琥珀之於契丹貴族，這些材料最被看重的、被利用得最為深刻的實用性，本身指向的即是它們天生的珍稀性，以及它們被賦予的高貴內涵。

阜新縣紅帽子鄉遼塔地宮出土「疊勝」盒

採自：許曉東：《中國古代琥珀藝術》，北京：紫禁城出版社，2011年。

　　若說陳國公主墓出土的佩盒均易於佩戴，那麼小努日遼墓出土的 1 件棕紅色的琥珀蝶形盒則又有所不同。此盒色澤較深，整體泛出褐紫色光澤，將 2 塊同色琥珀料並聯，側面整體雕刻成蝶的輪廓，雙面又浮雕以同樣的兩扇翅蝴蝶紋飾，雖然圖案並不複雜，但蝶形飽滿精巧，盒以子母口相扣合，腹部微微鼓起。〔註6〕這件沒有鏈條無法佩戴的琥珀盒又引出了另一種使用場景，即以分體形式出現的容器，功能或許是靜置保存內容物。如陳國公主墓中出土有 1 枚瓶形琥珀佩飾，也是較為典型的此類器物。這件琥珀製品出土時置於駙馬左腿下部。琥珀呈較淺的橘紅色，表面遍布裂紋，素面，整體打磨得十分平整光潔。瓶為扁平的橢圓形，形狀極類後代的鼻煙壺。瓶直口、圓腹，肩部有兩個對稱的穿孔，瓶口蓋一雕刻成荷葉形的小圓蓋，蓋頂穿有兩個斜孔，子口。作為琥珀製品，首先它的素面題材相當特殊，陳國公主墓中出土的素面琥珀，以作為項鍊、串珠、瓔珞組成部分的珠飾為主，其餘無論是瓔珞上的大型配件、抑或是單獨擺放出現的佩飾，包括上述琥珀佩盒，多有不同題材的雕刻，但此瓶的瓶身卻是以較為特殊的打磨光滑的素面形式出現的，這或許也暗示了它使用功能的特殊性。此瓶中並無任何物質殘留，雖有穿孔，但無鏈或繩，也並沒有佩掛在駙馬腰部，其具體的功能形象十分模糊。

　　在唐代以前，漢文文獻中經常出現有以琥珀製作杯、瓶的記錄，但始終沒有出土過實物。直到遼代出土了琥珀瓶、佩盒等器物，文獻的記錄才顯得更具實體。瓶或盒均自有其作為容器的功能，但是以上所列琥珀製瓶與盒出土時均並無任何內容物。不過卻並非所有遼代出土的琥珀瓶都空空如也，前文曾述及慶州白塔出土有 1 件蓮蕾舍利瓶，色澤棕紅略透亮，表面光潤，其從瓶口沿瓶側壁到卵圓形瓶底處，以對稱的五瓣蓮紋進行浮雕刻飾，瓶蓋略有殘損，但尚可辨認為蒂紐，此瓶出土時，腹內置有舍利子若干。〔註7〕同樣與佛塔緊密相關的還有阜新縣紅帽子鄉遼塔地宮出土的 1 件「疊勝」琥珀小盒和 1 件葉狀琥珀佩盒。前者整體為薑黃色，長 10、寬 5.7、厚 2 釐米，底、蓋鉚合，雙面均有菱形光面，刻楷書「疊勝」二字，並描紅，疊勝周邊圍以套環裝飾，重 0.431 公斤。後者長 10.6、寬 7、厚 2 釐米，體呈葉狀，背雕葉脈紋，凹處填金線，

〔註6〕武亞芹、王瑞青：《內蒙古科左中旗小努日木遼墓》，《北方文物》2000 年第 3 期，第 32～35 頁（或第 113～114 頁）。

〔註7〕德新、張漢君、韓仁信：《內蒙古巴林右旗慶州白塔發現遼代佛教文物》，《文物》1994 年第 12 期，第 4～33 頁。

頂有穿孔，內有子口。〔註8〕佛教法物中出現的琥珀瓶或盒，其功能意義自然
與前述可佩戴於腰間的製品有所不同。慶州白塔的蓮蕾琥珀瓶的宗教意義已
從其中所盛之物上顯示得一清二楚，而陳國公主墓中的素面琥珀瓶，其瓶蓋也
是以荷葉為題材雕刻的。雖然其中沒有明確的內容物指示其功能，但據其題材
也可稍作推測，其功能大致與慶州白塔所出類似，無論放置抑或佩戴，均是一
種宗教信仰的體現。

第二節　奢華的工具：琥珀刀柄

　　與以上幾件功能模棱兩可的器物不同，陳國公主墓中還出土有以琥珀製
成刀柄的銀質和鐵質刀具。最為精緻和保存狀況最好的 1 件當屬懸掛在駙馬
所佩蹀躞帶右側的這件琥珀柄銀刀。刀身細長，鍛製而成。厚脊單面刃，刀的
尖部和刃部均十分鋒利。琥珀製刀柄，色澤橘黃，微微透明，打磨成圓柱狀，
表面光滑無任何紋飾。刀身後端打製成錐形，嵌入琥珀刀柄前端。琥珀柄銀刀
配有鎏金銀鞘，是以一塊長條薄銀片打製卷曲成筒形，將合縫焊接而成，又以
橢圓形薄銀片作底，焊接於筒上。銀筒上、下又各以 1 個銀箍加以固定。刀鞘
的上部一側焊接 1 根系銀鏈用的銀條，中空，內穿銀鏈，銀鏈一端綴有 1 個銀
帶鉤，鉤於駙馬所佩蹀躞帶上。此外，公主腰部左、右也各出土有相類似的器
物。如右側的琥珀柄鐵刀，整體出土時略有變形，刀前端有殘斷，配有鎏金銀
鞘。刀為鍛製，厚脊單面刃，刀的一面靠近刀背處有一條線狀凹槽，末梢打製
成錐形，嵌入刀柄一端，刀柄使用琥珀製成，磨製成八棱形，刀與柄的連接處
又鑲一條八棱形銀套，套的四個面均鏨刻有水波紋。而刀鞘則是以薄銀片打
製、焊接而成，刀鞘的口部呈八棱形，貼合刀柄，沿微微卷起，向下則不再塑
形，而是逐漸轉變成為橢圓形長筒，鞘筒上下兩端和中部均鑲有金套。刀鞘的
上部一側焊接 1 根繫銀鏈用的銀條，中空，內穿銀鏈，刀鞘為素面，並無任何
紋飾。最後則有置於公主腰部左側的 3 件琥珀柄鐵刃器。鞘為木質，上口及下
部均鑲有銀套，兩條銀套之間使用細銀絲進行纏裹加固。刀鞘內裝有 3 件琥珀
柄鐵刃器，刀柄皆為圓柱形，整體因銹蝕嚴重，無法取出，鞘上所繫銀鏈已一
併殘斷。遼墓中出土以琥珀製成的武器手柄的實例又有義縣清河門第 4 號遼

〔註8〕趙振生：《阜新縣紅帽子鄉遼塔地宮清理記》，孫進己、馮永謙、蘇天鈞主編：
　　　《中國考古集成　東北卷　遼（一）》，北京：北京出版社，1997 年，第 2103
　　　～2104 頁。

墓中出土的 1 件琥珀製刀柄，刀柄的琥珀材質作閃黃的暗紫色，材料本身還有水紋狀的直條紋。琥珀刀柄通體呈扁圓柱狀，近刀背的一面稍圓稍厚，柄長 15、寬 2.8、厚 1.6 釐米。刀身已不存，僅有 5.2 釐米的刀莖仍鏽存於刀柄之中，為鐵製。〔註9〕

駙馬所佩琥珀柄銀刀

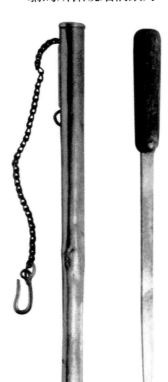

採自：許曉東：《中國古代琥珀藝術》，北京：
紫禁城出版社，2011 年。

作為出土時即於蹀躞帶上懸掛的佩刀，刀柄尾端所連接的鏈條功能性同樣非常強──前文對佩盒與瓶的歷史因素進行討論時已經對鏈條的作用加以解釋，其作用毋庸置疑。佩刀出現在墓葬中並不稀奇，自古以來由珍貴材質製作的刀柄也有很多，這關係到刀本身所承載的戰爭與武力屬性。

─────────────

〔註9〕李文信：《義縣清河門遼墓發掘報告》，《考古學報》1954 年第 2 期，第 163～202 頁（或第 274～294 頁）。

陳國公主墓出土的幾件小型可佩戴兵器

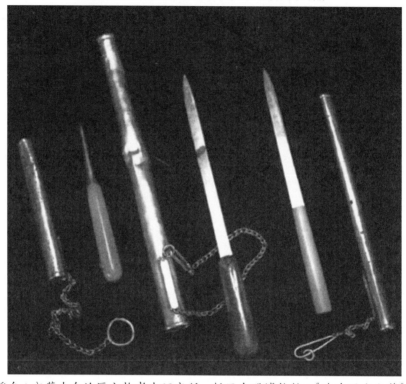

採自：內蒙古自治區文物考古研究所、哲里木盟博物館：《遼陳國公主墓》，
北京：文物出版社，1993 年。

　　契丹民族尚武的傳統與游牧民族早期惡劣的生存環境息息相關，他們的
游牧活動主要在西遼河上游一帶展開，此地地形複雜，冬日漫長且寒冷，而這
樣的地理特徵和生存環境，使得契丹民族無論男女，都需要體魄強健，能夠適
應酷烈的寒冬，以及擁有在野外生存的技能，這使得對武力的崇尚成為不可或
缺的民族精神之一。而無論用途是戰鬥、打獵，抑或是作為在野外生存所隨身
攜帶的工具來講，武器都是生活中不可或缺的一部分，哪怕不是為了上戰場殺
敵，佩刀也可以成為日常使用的工具之一。而在日常器物之上做出精美的設
計，是貴族階層慣常用來體現身份地位和政治統治力的做法。

　　騎射武功是契丹貴族女性必備的生存技能之一，《遼史》中不乏對能隨皇
帝南征北戰、到處遊獵的皇家女將軍的記錄，歷史上著名的蕭太后更是大權
獨攬，足智多謀，而這也是契丹民族在草原這個特定的地理環境中所磨練出
來的民族精神與智慧。《遼史‧后妃傳》論曰：「遼以鞍馬為家，后妃往往長
於射御，軍旅田獵，未嘗不從。如應天之奮擊室韋，承天之禦戎澶淵，仁懿

之親破重元，古所未有，亦其俗也。」〔註10〕蕭綽的姐姐胡輦在統和十二年（994年），曾受詔領兵出征：「八月庚辰朔，詔皇太妃領西北路烏古等部兵及永興宮分軍，撫定西邊，以蕭撻凜督其軍事。」〔註11〕統和十五年（997年）三月，「皇太妃獻西邊捷。」〔註12〕其「出師西域，拓土既遠，降附亦眾。自後一部或叛，鄰部討之，使同力相制，正得馭遠人之道。及城可敦，開境數千里⋯⋯」〔註13〕可見胡輦之能力與功績。陳國公主墓中公主和駙馬兩人腰間都出土有精美的佩刀，不僅如此，遼代貴族女性墓室中成套出土的馬具也正是這一點的印證，在歷朝歷代中，契丹貴族女性的地位可以說是比較高的，其所能把控的權力和武力也都是受到傳統部族一定程度認可的。

　　故以琥珀作為刀柄，無疑是其在契丹貴族心中有一定身份地位象徵作用的表現。而此類武器，想要作為真正日常生活中使用的工具，恐怕並不能良好地發揮其真正的效用，而是更偏向於一種擺設或工藝品。武器如果想要具有完整的實用功能，其必須具備的很重要的一點，就是耐磨損和牢固的特性。琥珀材料輕、軟、易碎，不僅與銀、鐵製刀身的重量無法匹配，其材料的光滑特性也並不適合在戰鬥中出現。能夠實現相近功能的琥珀製品還有巴圖營子遼墓出土的1件竹節琥珀執柄，整體已殘斷，餘下部分略呈長方形，雕刻成簇擁的竹節狀，僅餘四節。上端中央有一豎孔，可能是手執器物柄，長8.2、寬2.4釐米。〔註14〕雖然其整體為何物已不可查，但它本身的支撐和執握功能，若非體現在武器之中，則是具有一定實用性的。和刀柄具有相類似實用功能的日用器，前文也曾列舉有伊川鴉嶺唐齊國太夫人墓出土的兩枚琥珀製成的梳脊殘件，〔註15〕但出於實用角度考慮，梳子和刀的使用顯然有不同的側重點，琥珀材料的特性在其中之被發揮和受限制程度自然也就有所不同。

〔註10〕〔元〕脫脫等：《遼史》卷71《后妃傳》，北京：中華書局，2016年，第1329頁。

〔註11〕〔元〕脫脫等：《遼史》卷13《聖宗本紀四》，北京：中華書局，2016年，第157頁。

〔註12〕〔元〕脫脫等：《遼史》卷13《聖宗本紀四》，北京：中華書局，2016年，第161頁。

〔註13〕〔元〕脫脫等：《遼史》卷103《蕭韓家奴傳》，北京：中華書局，2016年，第1595頁。

〔註14〕馮永謙：《遼寧省建平、新民的三座遼墓》，《考古》1960年第2期，第15～24頁（或第4～6頁）。

〔註15〕嚴輝、楊海欽：《伊川鴉嶺唐齊國太夫人墓》，《文物》1995年第11期，第24～44頁（或第1～2頁，或第97頁）。

第三節　神聖的葬具：琥珀握手

　　而在琥珀的使用功能方面，遼墓中還有一部分並非裝飾也並非實用的琥珀製品出土。陳國公主墓中就出土有 4 件琥珀握手，出土時分別套握於公主和駙馬的銀絲手網之外（手掌部位）。握手分為圓雕和浮雕兩種形式，造型有龍、雙鳳、雙鳥、蓮花雙鳥等，各不相同，皆兩側穿孔，孔中穿繫金鏈。金鏈套於手背上，琥珀握手則握於死者手掌之中。第一件是公主左手所握雙鳳紋琥珀握手，琥珀材料為橘紅色，光澤明亮，整體略呈橢圓形，正面以中心對稱構圖浮雕對鳳，鳳凰有冠，以尖喙相對，曲頸，翅膀收攏於身側，長尾上翹至頭頂形成半圓，兩足屈於腹下，兩側橫鑽一孔，孔中穿有金絲，連綴金鏈。第二件則是握於公主右手的蟠龍形握手，該握手的琥珀材料偏黃褐色，形狀不規則，圓雕一條蟠龍，龍身蟠曲成一團，首尾相接，龍頭以側面示人，眼睛嘴巴皆清晰可辨，龍爪屈於腹下。兩側橫鑽 1 孔，內穿金絲，金絲兩端與金鏈相連接。第三件是握於駙馬右手的龍紋琥珀握手，琥珀材料偏紅色，浮雕，整體呈略不規則的橢圓形，正面雕刻一條龍，龍昂首曲頸，張口呲牙，須目皆可辨，龍身翻飛蜷曲在龍首之後，首尾相接，尾外側刻 1 顆火焰寶珠。握手兩側橫穿 1 孔，內穿金絲，繫有金鏈。最後一件則是握於駙馬左手的蓮花雙鳥紋握手，材料色澤呈稍深的橘紅色，整體為一側稍尖、另一側稍圓的不規則橢圓形。正面浮雕 1 朵蓮花，19 朵蓮瓣分為雙層排布，花中並排臥 1 對長尾鳥，兩鳥形態親密，頭部互相依偎於一處，雙翅攏於背後，尾部幾乎重合，於兩側中心橫穿 1 孔，內穿金絲，金絲兩端繫金鏈。

公主所握琥珀握手

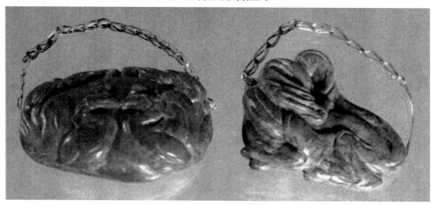

採自：內蒙古自治區文物考古研究所、哲里木盟博物館：《遼陳國公主墓》，
北京：文物出版社，1993 年。

駙馬所握琥珀握手

採自：內蒙古自治區文物考古研究所、哲里木盟博物館：《遼陳國公主墓》，
北京：文物出版社，1993 年。

　　遼代墓葬中出土有以琥珀製作的握手並非唯獨陳國公主墓一例，正如前
文曾詳細描述過的內蒙古科左中旗小努日遼墓出土的 1 件琥珀握手，[註16]
具體形式此處不作過多贅述。當然，在遼墓中，同樣以琥珀為製作材料的握手
數量的稀少，或許與遼墓被盜擾較多的情況是有很大關係的。但縱觀考古材
料，搜尋遼墓中以其他材質所製作的握手雖並非一無所獲，但數量整體也不
多。如小劉仗子 4 號遼墓出土的 2 件玉竹節握手，玉料顏色微微發褐，整體略
呈長方形，雕刻成兩根半面竹子並排狀，每竹各有 3 節，二件分別握於死者左
右手中，大小相類似，其中一件長 5.5、寬 2.4 釐米。[註17]除此之外，遼寧
法庫葉茂臺第 7 號遼墓的女性墓主人出土時手中也握有水晶。[註18]關於遼
墓中出土的握手，筆者僅搜集到以上可供查閱與討論的材料。

　　從功能來看，這類陪葬品的處境十分特殊，一方面，它們並非單純的裝飾
品，但同時，它們也並非具有實用功能的實用器物。這在喪葬的整體語境中是
十分值得注意和討論的。握手在漢民族的喪葬儀式中古已有之，最早的相關考
古發現甚至可以追溯至新石器時代。新石器時期出土的握手以獐牙、骨針為常
見，到了夏商時期，出土材料顯示以墓主手握自然貝或銅貝為主，並出現了手
握玉石的情況。西周時期，墓葬中發現的以貝為握手的現象開始減少，很有可

〔註16〕武亞芹、王瑞青：《內蒙古科左中旗小努日木遼墓》，《北方文物》2000 年第 3
　　　　期，第 32～35 頁（或第 113～114 頁）。

〔註17〕李逸友：《昭烏達盟寧城縣小劉仗子遼墓發掘簡報》，《文物》1961 年第 9 期，
　　　　第 44～49 頁（或第 2～3 頁）。

〔註18〕遼寧省博物館、遼寧鐵嶺地區文物組發掘小組：《法庫葉茂臺遼墓記略》，《文
　　　　物》1975 年第 12 期，第 26～36 頁。

能是因為發行了貨幣，自然貨貝逐漸失去了貨幣職能，故而在具有象徵意義的墓葬中也逐漸失去了地位。兩周以後，玉作為喪葬禮器在墓葬中開始投入廣泛的使用，握玉的情況也越來越多，到了西漢時期，先秦的葬俗在有些地區還繼續流行，如湖南長沙馬王堆一號漢墓中墓主人兩手握有絹質繡花香囊，正是先秦葬俗的表現。不僅如此，同時也可以發現漢代全新的葬俗——漢代時，禮玉製度趨於成熟，墓葬中大量出現玉石為握手的情況，包括有玉璜、玉戈、玉管、玉棒、玉飾等，以豬的形象為多。大約到了秦漢之後，「喪」「葬」兩字開始合稱，觀念也發生了一定的轉變。魏晉南北朝時期手握玉石的喪葬習俗進一步普及，手握錢幣的情況也在更大範圍內出現了。至隋代則表現為墓葬中出現大量的手握五銖錢的現象，這也說明使用握手這一喪葬習俗一直在延續發展，只是所握之物在發生變化，尤其是墓葬中葬幣的數量明顯減少，一般只隨葬 1 至 3 枚。除了防止被盜之外，隋唐墓葬中葬幣減少的一個重要原因，可能是紙錢的出現。〔註 19〕

小努日遼墓出土盤龍琥珀握手

採自：武亞芹、王瑞青：《內蒙古科左中旗小
努日木遼墓》，《北方文物》2000 年第 3 期。

東漢劉熙《釋名‧釋喪制》中有這樣的相關記載：「握，以物著尸手中，使握之也。」〔註 20〕而其目的是使死者在死後的世界中不至於一無所有。與之相類似的，《釋名‧釋喪制》中也有關於「含」的記錄：「含，以珠貝含其口中也。」〔註 21〕這也是中國古代喪俗儀式中十分重要的一個概念，目的是使死者到達陰間後不會失去飲食的趣味。而結合出土材料與文獻之間的相互印證，這種葬俗由

〔註 19〕　古麗扎爾‧吐爾遜（Gulzar Tursun）：《唐代喪葬習俗中手握的綜合研究》，西北大學碩士論文，2019 年。

〔註 20〕　〔東漢〕劉熙：《釋名》卷 8，北京：商務印書館，1939 年，第 132 頁。

〔註 21〕　〔東漢〕劉熙：《釋名》卷 8，北京：商務印書館，1939 年，第 132 頁。

本土起源並一脈傳承的看法受到多數學者的認可。此外，對於這種喪葬習俗，小谷仲男發現，中亞以及新疆地區的相關葬俗，尤其是手握、口含金銀錢幣的葬俗早於中國內地，而更加西邊的希臘地區墓葬內也發現類似的遺跡，由此認為其來源於西方，〔註22〕但這一觀點並未得到學界的一致認可，且遼代的墓葬中本身並沒有直接發現握以及含有錢幣的情況（前文曾提及遼墓中出土有琥珀製錢幣），故此處不納入討論範疇。

從出土材料以及文獻中來看，遼代「握」與「含」的接受度已經非常之高，如遼寧朝陽姑營子耿氏第2號遼墓出土有琥珀琀（含）1件，發現於墓內男主人口中。琀兩頭平齊，形狀近似長方形，上下貫穿有一細孔，長4.3、厚1.6釐米。〔註23〕含在遼代的文獻中是能夠找到一些相對應的內容的，如刻於遼興宗重熙二十二年（1053年）的《王澤墓誌》中有一句志文提到：「遣車唅貝，豐約中規」。〔註24〕遼道宗咸雍六年（1070年）去世的蕭福延，其墓誌中也有「賻賵含襚，率用如等」的志文記載。〔註25〕道宗大安六年（1090年）所刻的《蕭袍魯墓誌》中也有如「唅襚賻賵，有加常等」的相關內容。〔註26〕而以上志文中所提及的誌主，在世時均是位高權重的高官或大貴族，可見遼代契丹高等級貴族喪葬過程中對於「握」和「含」的使用，並不是個例，而更偏向於一種約定俗成的規矩，而如「握」和「含」這些形式的陪葬品的出現，明確顯示出契丹人所受到的中原地區喪葬習俗的影響。而在遼代，漢文化作為一種更為先進的外來文化，歷來備受統治者重視，聖宗時期，統治階層更是不斷提倡儒家思想以鞏固和完善封建秩序，甚至曾多次以詔旨的方式確立和倡導忠、孝、禮、義等封建意識形態和行為規範。〔註27〕

遼承唐制，而從目前遼墓發掘的情況來看，握手這類陪葬品的數量是較為

〔註22〕〔日〕小谷仲男、續華：《死者口中含幣習俗——漢唐墓葬所反映的西方因素》，《敦煌學輯刊》1990年第1輯，第129～142頁。

〔註23〕朝陽地區博物館：《遼寧朝陽姑營子遼耿氏墓發掘報告》，《考古學集刊》1984年第3期，第168～195頁。

〔註24〕向南編：《遼代石刻文編》，石家莊：河北教育出版社，1995年，第259～264頁。

〔註25〕陳曉偉：《奚王蕭福延墓誌三題》，《宋史研究論叢（第11輯）》，保定：河北大學出版社，2010年，第285～299頁。

〔註26〕向南編：《遼代石刻文編》，石家莊：河北教育出版社，1995年，第423～426頁。

〔註27〕李清泉：《宣化遼墓　墓葬藝術與遼代社會》，北京：文物出版社，2008年，第61～62頁。

稀少的，而唐代的出土材料無疑數量更大並且更加易於分類。唐墓中出土的握手之中最多見的是錢幣和玉石，唐墓出土以手握為使用功能的錢幣有貨布、開元通寶、乾元重寶、波斯薩珊朝銀幣、東羅馬金幣等不同錢幣，分佈在各地。玉石握手中數量較大的形象是玉石豬。陝西省長安縣茅坡村唐墓出土有一件以青褐色滑石雕琢的豬形握手，豬的造型頭部較肥大，闊嘴，翹鼻，頸部概括地雕刻出豬鬃的形狀，豬四腿粗壯，整體呈奔跑狀，動勢十分誇張。唐代早期的玉石握手的造型較為精緻細膩，隨著時代的推移，其器形卻變得更加簡潔。西安交通大學發掘清理的唐代康文通墓也出土有 1 件玉製握手，造型是一隻四腿平伸、身體伏臥、長嘴前撅、雙耳服帖、臀部平直的豬，握手造型簡練，寥寥幾刀，形象刻畫卻十分精細。此外，唐代出土的以玉製作的握手中竹節形狀也不少見，如陝西省禮泉縣唐昭陵 2 號陪葬墓出土的 1 件青黃色玉竹節握手，其通體打磨得十分光滑，素面，製作成竹節形狀，沒有任何花紋的雕刻。又如西安市東郊唐周刺史華文弘夫婦合葬墓出土的 1 件玉竹節握手，同樣通體光滑無紋飾，造型十分簡練。較為特別的，有新疆地區出土的握木——吐魯番隨葬衣物疏中大量有記載「手把」一物，其中「手把」即為握木——用木棒削成的中間細兩端粗的木棍，用絲帛包起來，放在屍體手中。吐魯番古墓出土的「木握手」，正是可以對應文獻記載的實例。如阿斯塔納西區南部邊緣發掘的唐代墓群，其中三人合葬墓 M392 中出土 1 件握木，其由圓木削製而成，呈柱狀，同地區的 M398 也出土了 2 件柱狀的握木，十分類似。同地區 M395 中女性墓主人右手中的握木同為圓木削製，但卻呈柱狀亞腰形，並且纏有文書，相同形狀的還有同地區 M396 中出土的 2 件握木等。此外，新疆其他地區也出土有不少握木，這是唐代新疆地區出土握手的主要特徵。〔註28〕

西安交通大學康文通墓出土玉豬

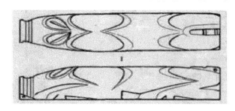 

採自：古麗扎爾・吐爾遜（Gulzar Tursun）：《唐代喪葬習俗中手握的綜合研究》，西北大學碩士論文，2019 年。

〔註28〕 古麗扎爾・吐爾遜（Gulzar Tursun）：《唐代喪葬習俗中手握的綜合研究》，西北大學碩士論文，2019 年。

陝西省長安縣茅坡村唐墓出土滑石豬

採自：古麗扎爾·吐爾遜（Gulzar Tursun）：《唐代喪葬習俗中手握的綜合研究》，西北大學碩士論文，2019年。

陝西省禮泉縣唐昭陵 2號陪葬墓出土 竹節握手	西安市東郊唐周刺史 華文弘夫婦合葬墓出土 竹節握手	新疆吐魯番阿斯塔納 墓地西區M396出土 亞腰狀握木
	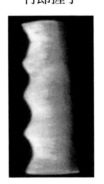	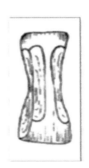 

採自：古麗扎爾·吐爾遜（Gulzar Tursun）：《唐代喪葬習俗中手握的綜合研究》，西北大學碩士論文，2019年。

　　唐代的握手除了錢幣外，無論以什麼材質專門製作，都製成類似柱的形象與形狀，方便放置於死者手中，但遼代僅有的幾件握手則有所不同。在遼代，握手的形狀往往以橢圓形為主，唐代以玉石製成竹節狀握手置於死者手中的情況也較為多見，被遼直接繼承，體現在小劉仗子4號遼墓出土的2件玉竹節握手上，無論是材質還是造型都保持了相當的一致。若從題材上進行對比，則唐代墓葬中握手的動物形象並不豐富，其中豬是出現最多的形象，而形象的固定幾乎可以被認為是一種固定的使用方式。握手的葬俗被引進遼墓，體現在了更加多樣化的題材上。僅僅陳國公主與駙馬合葬墓中，就有雙鳳、蓮花雙鳥、蟠龍等造型，而這些形象無一不是具有貴族身份與地位象徵的動物形象，且其造型生動，雕工也相當精細。對比在唐墓中形象逐漸演變為更加簡練和概括的

玉豬握手，這種造型和動勢的精雕細琢，正是一種觀念上的挪用。玉豬作為握手出現在墓葬中，其形象越發簡潔的情況可以看作是一種觀念固定成為程序的表現，儘管契丹人將這種做法引入墓葬，但並沒有全盤接受和繼承唐代墓葬中表現出的與握手相關的喪葬認識，而是利用其形式承載了屬於契丹人的喪葬觀念。正如唐墓中的握手以錢幣和玉石為主（新疆地區則以木握手為代表），在遼代，琥珀則替換了這種材質，形象與材質的替換，都是握手在契丹人手中所承載觀念發生轉變的證據。

　　唐墓中出土握手可以說是一種較為普遍的現象，並不局限於高官顯貴的墓葬。相比出土握手數量的稀少，遼代墓葬的發掘數無疑是不少的，儘管其中大部分存在被盜擾的情況，但總的來說，出土有握手的遼代墓葬以高等級貴族墓葬為主，琥珀材料使用占比非常大。若從整體進行考量，握手顯然不是契丹葬俗中必須被配備的隨葬品，而是權貴階層彰顯富貴和地位的附加品，也正因為如此，遼代墓葬中出土的握手也發生了上述各種創造性的變化。回到陳國公主墓出土的這 4 件握手，尤其值得注意的不同之處就是握手上的穿孔與金鏈——可以說這是一種契丹人獨特的創造與發明。公主與駙馬下葬時，先是身著銀絲網絡，在網絡外穿好層層衣物與金冠銀靴，再佩上各種飾物，躺於屍床之上。而握手則由金鏈緊緊套握於二人掌心，歷經千年，屍身腐朽而灰飛煙滅，握手仍在原位沒有脫落，這其中關於喪葬的細節與陪葬品製作的巧思令人驚歎。

　　這些細微的做法與觀念的轉變進入到墓葬中，表現的形式更為多樣化，而陳國公主墓中的種種隨葬品，正是整個遼代社會在思想意識和風俗習慣方面的封建化進程中的一個節點。而關於這種影響的具體表現，在後文中將會有更為細緻的討論和展開。

第五章　琥珀的材質組合與工藝

　　自古以來，貴族階層為了達到將自己與平民百姓區分開來的目的，發明了許多事物。也是這種強烈的意願，催化了遼代契丹貴族手中的琥珀製品，使它們在誕生之時就擁有了內在的特殊性——這是一種能夠將人與人，平民與貴族，甚至貴族與貴族相區分的特殊氣質，而這種氣質則是通過凝聚在器物之上的，對材料、工藝以及細節嚴謹的審美性所共同體現的。

　　陳國公主墓出土的一部分琥珀製品，不僅對琥珀材料本身有極精細的雕琢，同時牽涉到諸如金、銀、珍珠等一系列金屬和寶石。這些器物與佩飾上表現出的，對多種材質的組合與搭配，傳達出契丹貴族對複合材料的審美，以及遼代工匠對多種工藝結合的精妙把控。技術上複雜手段的結合，展露出其承載的思想與需求。而對貴族階層要求的完美實現，也能印證遼代手工業的發榮滋長。

第一節　組合與共生：琥珀與金、銀、珍珠的媒材互動

　　陳國公主墓出土的琥珀製品並非全部飾物或器物都是以琥珀材料單獨製成，也有很多琥珀與多種材質結合而成的隨葬品。

　　其中，以單一的琥珀材料製成的隨葬品以佩飾為主，出土位置多為屍床上公主和駙馬的頭邊、枕下，或散落在二人腿部，是對琥珀材質本身忠實的表現，前文已多有述及。

　　以琥珀與金、銀相結合的隨葬品在陳國公主墓出土的琥珀製品中體量最大。以公主和駙馬分別佩戴的瓔珞最為典型。如公主頸上所佩的大型瓔珞，係由直徑 1 毫米的細銀絲將 257 顆紅褐色的琥珀珠穿成 5 串，同 5 件浮雕飾件、

2 件素面琥珀料相間穿綴而成，瓔珞周長 159 釐米。又如駙馬所佩大型瓔珞，其以 7 根直徑為 1 毫米的細銀絲將按照大小排列的 416 顆琥珀珠與 5 件琥珀飾件相間串綴而成，周長達 173 釐米。以上兩件屬於較為大型的瓔珞佩飾，琥珀材料用量極大。而公主所佩小型瓔珞也同樣是以琥珀和銀相結合組成的，此瓔珞由直徑 1 毫米的細銀絲將 60 顆橘紅色圓球形琥珀珠與 9 件圓雕、浮雕琥珀飾件相間穿成，琥珀珠大小略有不同。即使是小型，其周長也有 113 釐米。駙馬所佩小型瓔珞也十分類似，同樣由直徑 1 毫米的細銀絲將 64 顆圓球形琥珀珠和 9 件琥珀飾件相間穿綴，周長 107 釐米。而以琥珀和金搭配組合的隨葬品則屬套握於公主和駙馬手中的琥珀握手最為特別。握手出現於遼墓中並非孤例，但握手上穿以金鏈，卻是十分特別的製作方式。又如前文述及穿金鏈的琥珀佩盒，也是琥珀和金的結合使用。

陳國公主所佩琥珀瓔珞　　　　　駙馬所佩琥珀瓔珞
Y118（外）、Y104（內）　　　　X116（外）、X112（內）

採自：內蒙古自治區文物考古研究所、哲里木盟博物館：《遼陳國公主墓》，北京：文物出版社，1993 年。

公主所握琥珀握手

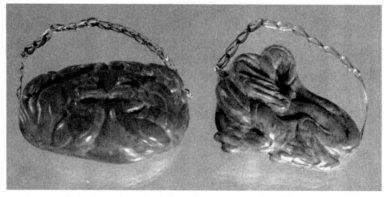

採自：內蒙古自治區文物考古研究所、哲里木盟博物館：《遼陳國公主墓》，北京：文物出版社，1993 年。

　　以琥珀、金和珍珠組合而成的隨葬品雖然不多，但都十分引人注目。如置於公主頭部的琥珀珍珠頭飾，其以 2 根穿有 122 顆小珍珠的細金絲，將兩件琥珀龍形飾件連綴起來，琥珀飾件下各穿三個孔，每孔垂掛一組金飾片，從形制來看，應屬於契丹貴族婦女常用的步搖頭飾。〔註1〕至於出土於屍床東部的琥珀珍珠耳墜，工藝則更加複雜，每隻耳墜上除去起連綴作用的金鉤、金絲和配件珍珠之外，均有 4 塊雕刻成不同樣式的龍魚形小船的琥珀飾件，十分精美。穿綴的方法是：將金鉤一端穿過 1 件琥珀飾件，並擰成小圓環結扣，下繫 1 根金絲，內穿 2 顆略大的珍珠，然後又穿 1 件琥珀飾件，間隔 2 顆珍珠，再穿 1 件琥珀飾件，再間隔 2 顆珍珠，末端穿 1 顆小珍珠固定，小珍珠上方用金絲繫 1 串小珍珠，每邊 4 顆，金絲兩端各穿入琥珀飾件穿孔中，由琥珀飾件下部穿出，尾端各穿結 1 顆小珍珠。全長 13 釐米。同樣以琥珀、金和珍珠三種材質組成的飾物還有公主頸上的琥珀珍珠項鍊。

陳國公主所佩琥珀珍珠項鍊

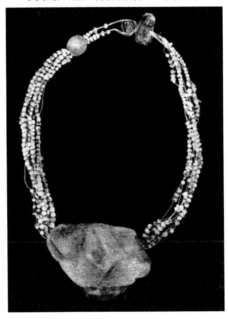

採自：內蒙古自治區文物考古研究所、哲里木盟博物
館：《遼陳國公主墓》，北京：文物出版社，1993 年。

〔註1〕　田廣林：《契丹衣飾研究》，孫進己、馮永謙、蘇天鈞主編：《中國考古集成　東北卷　遼（一）》，北京：北京出版社，1995 年，第 435～450 頁：本文主要討論契丹民族的衣飾形制，作者在文中「頭飾與項飾」部分對陳國公主墓出土的「琥珀珍珠頭飾」的定名提出了質疑，其認為定名為「珍珠琥珀金步搖」更為合適。

在遼代墓葬中，琥珀不僅作為獨立飾品出現，且被廣泛運用到其他奢侈品的製作中，不僅有大量以琥珀為主製作的隨葬品，琥珀也作為配件出現在以其他材質為主製作的隨葬品中，與玉、水晶、瑪瑙、松石、絲綢等材料共同出現。如陳國公主墓出土的 1 件魚形玉佩。玉佩 1 組 9 件，置於公主腹部，由 1 件魚形盒玉墜、1 件雕玉飾、3 顆珍珠、2 顆琥珀珠、1 顆綠松石珠、1 顆水晶珠用細金絲穿繫而成，其中起裝飾作用的琥珀珠長 1.7、寬 1 釐米。此外，慶州白塔中出土有 1 件懸魚夾層錦塔幡，在塔幡垂下的底端懸綴有琥珀小魚若干件。〔註2〕朝陽北塔地宮中，也出土有功能相類似的琥珀珠。〔註3〕

陳國公主墓出土琥珀珍珠耳墜

採自：內蒙古自治區文物考古研究所、哲里木盟博物館：《遼陳國公主墓》，北京：文物出版社，1993 年。

〔註2〕 德新、張漢君、韓仁信：《內蒙古巴林右旗慶州白塔發現遼代佛教文物》，《文物》1994 年第 12 期，第 4～33 頁。

〔註3〕 董高、張洪波：《遼寧朝陽北塔天宮地宮清理簡報》，《文物》1992 年第 7 期，第 1～28 頁（或第 97～103 頁）。

陳國公主所佩琥珀珍珠頭飾

採自：內蒙古自治區文物考古研究所、哲里木盟博物館：
《遼陳國公主墓》，北京：文物出版社，1993 年。

陳國公主墓出土魚形玉佩

採自：內蒙古自治區文物考古研究所、哲里木盟博物館：
《遼陳國公主墓》，北京：文物出版社，1993 年。

　　在上述 4 件瓔珞之中，琥珀是當之無愧的主角。雖然它們確是銀與琥珀材質相結合共同構成，但銀絲是被包裹在琥珀之中完全隱藏住的。既然並不能被看見，那麼銀的使用又有什麼具體的功能和意義呢？首先，銀在這 4 條瓔珞中，是一種相對「不朽」的材質，它在串聯了琥珀珠與雕飾的同時，也將瓔珞的形狀和制度較為完整地保存了下來。這自然是墓葬被發掘之後人們目之所及的情形，但從下葬之時來講，若這些被佩戴在遺體頸上的飾物的命運和使命，即是在另一個世界中保護公主和駙馬的形神不滅，那麼它們自身就必然被賦予了更加堅固和不朽的內核。契丹人「好鬼而貴日」，崇拜祖靈的意識可謂根深蒂固，而他們這種對祖先敬重、崇拜的意識，也表現在對死者遺體的種種

處理方式上——他們認為形不散而神不離，〔註4〕為了保持死者靈魂的不散、不滅，為維護其靈魂的穩固所使用的器物，其材質自然也要足夠匹配靈魂的不朽。隱藏在琥珀珠之中的細節，同時也映像出一種皇權的統治力，對身份地位高高在上的貴族階級而言，「看不見」的細節正是其階級標準的完美體現，是強調其自身地位的一類方式。更遑論琥珀材料的珍貴與稀少本身也代表了少數階層的力量，這一點是在瞭解遼代出土琥珀的墓葬等級情況後，能夠得到的顯而易見的結論。珍貴的材質無法匹配平凡的事物，如同遼代壁壘分明的婚姻制度，公主和駙馬二人的民族、身份和地位的相互匹配，這都顯示出琥珀與貴重的材質共同出現的必然性和合理性。

慶州白塔中出土懸魚夾層錦塔幡

採自：許曉東：《中國古代琥珀藝術》，
北京：紫禁城出版社，2011 年。

〔註4〕陳永志：《黃金面具、銅絲網絡與祖州石室》，《中國歷史文物》2002 年第 3 期，第 58～63 頁。

葉茂臺 M7 出土水晶琥珀瓔珞

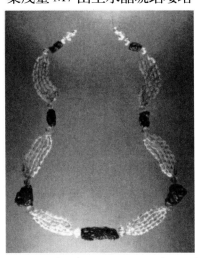

採自：許曉東：《遼代玉器研究》，北京：
紫禁城出版社，2003 年。

在這其中，還有一個問題十分值得注意。遼代瓔珞出土數量並不少，有琥珀材料參與製作的也較多，但珠與飾件全部由琥珀製成則較為罕見，目前僅見於陳國公主墓出土的這四件瓔珞。如耶律羽之墓中出土的 2 件瓔珞，二者均是由不同的材料組成的。第一件瑪瑙瓔珞是由長短不一的紅色瑪瑙管、白色水晶球、金質的圓柱形和心形墜飾相間穿連而成的，其中圓柱形和心形墜飾表面均鏨刻有纏枝紋；另一件琥珀瓔珞上文也曾述及，其由 11 件琥珀飾件、18 顆圓形水晶珠和 1 件圓柱形墜飾以及 1 件心形墜飾相間穿綴而成。這件瓔珞垂掛下來的正中央為一件最大的琥珀飾件，左右兩側串連表面鏨刻有三葉花紋的金質圓柱形飾件和心形飾件，接下來則是兩側相互對稱的 5 組琥珀飾，由大到小依次向後排列。〔註 5〕法庫葉茂臺第 7 號墓的墓主人胸前佩戴的水晶琥珀瓔珞前文也曾述及，這件瓔珞是由 250 多粒白色水晶珠與 7 件描金琥珀獅形佩飾相間穿綴而成的，其出土時穿線還未全部腐朽。水晶珠串成 5 串，被 7 件琥珀佩飾間隔串連成 6 段，與公主和駙馬的大型瓔珞穿綴方式相類似。瓔珞中的水晶珠多數為橢圓形，也有少量呈瓜棱形，琥珀佩飾均為高浮雕，其最大者位於整組瓔珞垂掛視角的下部正中，兩側各有 3 件佩飾，其大小遞增向上對稱排列。〔註 6〕除此之外，吐爾

〔註 5〕 齊小光、王建國、從豔雙：《遼耶律羽之墓發掘簡報》，《文物》1996 年第 1 期，第 4～32 頁（或第 97～100 頁）。

〔註 6〕 遼寧省博物館、遼寧鐵嶺地區文物組發掘小組：《法庫葉茂臺遼墓記略》，《文物》1975 年第 12 期，第 26～36 頁。

基山遼墓發掘時，墓主人頸部也佩戴有十分精美的瓔珞佩飾。此墓位於內蒙古通遼市科爾沁左翼後旗大吐爾基山上，是一座保存完好的遼早期墓葬，墓主人是身份等級較高的契丹貴族婦女。此墓的主人身著 11 層華服，第二層衣服上出有瑪瑙瓔珞一組，由紅色瑪瑙管和表面呈鏤空「8」字形網紋的金屬球相間穿綴而成。第三層衣服上又出有一掛由若干橙紅色瑪瑙珠、黑色多面體水晶珠和鏤空金屬球組合而成的水晶瑪瑙瓔珞，這一件瓔珞由穿成 4 串的瑪瑙珠與起間隔作用的 2 顆黑水晶珠以及 1 件鏤空金屬球相間隔穿連而成。〔註7〕

吐爾基山遼墓出土的水晶瑪瑙瓔珞

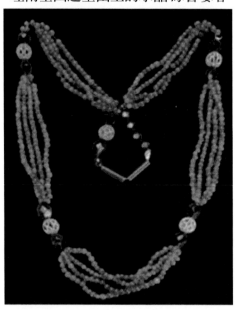

採自：周琳：《遼代瓔珞佩飾研究》，遼寧師範大學碩士論文，2011 年。

上述瓔珞的材質組合看起來比較隨意，但總體來講，圓柱形墜飾和心形墜飾通常出現在小型瓔珞中，琥珀均被替換為黃金。而大型瓔珞之中，這種部分材質替換的行為更加明確──與陳國公主墓出土的大型琥珀瓔珞相比，葉茂臺 M7 出土的瓔珞中，琥珀珠被替換為水晶珠，有雕飾的飾件則保留為琥珀材質；吐爾基山遼墓中，琥珀珠被替換為瑪瑙珠，琥珀雕飾則被替換成為由黑水晶和黃金共同構成的一小組飾件。葉茂臺 M7 和吐爾基山遼墓的墓主人均為女

〔註7〕 塔拉、張亞強：《內蒙古通遼市吐爾基山遼代墓葬》，《考古》2004 年第 7 期，第 50～53 頁（或第 106～108 頁，或第 2 頁）；周琳：《遼代瓔珞佩飾研究》，遼寧師範大學碩士論文，2011 年，第 12～13 頁。

性，儘管具體身份都無法確認，但可以明確的是二者皆為契丹的高級貴族。而在一件功能和形制相類似的物品的相同位置上使用不同的材質，這或許是墓主人各自身份地位的直接體現。在這其中，陳國公主與駙馬兩位墓主的瓔珞上，各個組成部分均由琥珀材料所構成，且其琥珀瓔珞之中的連綴物的材質也是最為珍貴的。由此可見，綴滿琥珀的瓔珞，或者只有琥珀雕飾的瓔珞，乃至於不能使用琥珀的瓔珞，它們在下葬時的使用，是由它們的主人各自的地位所決定的，陳國公主和駙馬蕭紹矩的尊貴也由此更加毋庸置疑。

耶律羽之墓出土琥珀水晶瓔珞

採自：樂藝會：《大遼五京文物展玉器織錦雜項篇：石為雲根分享》：https://kuaibao.qq.com/s/20190315A0306700?refer=spider 最後檢索時間：2021.2.28，22:36。

　　琥珀必然是珍貴的，但它的內涵卻是被契丹貴族在使用過程中逐步賦予和改變的。在握手和佩盒這樣的琥珀和金材質相結合所構成的器物之上，能夠非常清晰地看出契丹人對於材質的把控和利用。金、銀自古以來都是財富和階級地位的象徵，從遼代金銀器出土量上來看，以帝王家族墓地中出土的金銀器物規模最為龐大，〔註8〕這也是遼代金、銀材料被掌握在貴族手中的實證。遼代金銀器製造工藝的進一步發展和成熟，也為金、銀材質被更多元地利用提供了堅實的技術支持。而這種將琥珀與金、銀相結合的技術方法是否具有更為廣闊的製作背景呢？陳國公主墓也出土有3組玉佩，其中1組7件以1朵蓮花和6件用具形式玉墜構成的組玉佩中，起連接作用的材質也是金。雖然連接方式有相似性，但其整體工藝手法和審美傾向明顯是有所差別的。造成這種差別的可能是器物和文化觀念的不同來源，也可能是材料本身的屬性所致。金鏈出

〔註8〕楊婧：《游牧文化視野下遼代契丹族金銀器研究》，湖南工業大學碩士論文，2014年，第65頁。

現在這些琥珀、玉材質的器物之中，並且是以明確的連接的方式成為了器物中
不可或缺的一部分。與隱藏在背後的銀絲不同，金鏈昭示了它的功能性，正如
公主與駙馬緊握在手心的 4 件琥珀握手，近千年過去，金鏈依舊將琥珀握手套
掛在二人的銀絲手網上，將鏈的連接作用發揮到了極致。它們不僅是為了連接
金與琥珀而存在的，也是為了連接琥珀與逝者的身體。它們使琥珀握手無法離
開公主和駙馬的雙手和身體的控制範圍，強調了死者的主權。而這樣形式的
「握」的出現，也是契丹人對外來喪葬觀念的進一步內化和解讀。佩盒又與死
後才有機會使用的握手有所不同，將琥珀製成盒隨身攜帶是並不講求實用功
能的一種表現，琥珀材料輕盈而珍貴，十分易碎，且性不耐高溫，不十分注意
甚至有可能會面臨被毀壞的危險，又能輕易被鹼性物質所腐蝕而失去光澤。但
它也有作為隨身攜帶之物特別的一面──正因為琥珀是一種極易被改變外觀
的材料，隨著時間的推移，隨身攜帶且常常被使用的琥珀材料經過人體皮膚上
油脂、汗液等分泌物的長時間接觸，表面會逐漸氧化，變得更加油潤光亮，色
澤鮮明──亦即所謂的「包漿」。「包漿」的形成是一種琥珀材料與人之間發生
的互動，這種變化具有一定的私密性，器物本身發生變化的同時，意味著其所
蘊含的情感和象徵意義對器物的主人來說也將發生微妙的變化。而如果沒有
金鏈的連接，材料的便攜性就幾乎消失了，那麼這一切有可能發生的變化都不
會被人所感受到，琥珀也就失去了它引申而出的一部分特殊性。

陳國公主墓出土工具形玉佩

採自：內蒙古自治區文物考古研究所、哲里木盟博物館：
《遼陳國公主墓》，北京：文物出版社，1993 年。

　　在陳國公主墓出土的由三種材質組合而成的琥珀製器物中間，隱藏著一種較為微妙的主體物的變化。正如上述由珍珠、金、琥珀三種材質組合而成的項鍊，它的形式明確地昭示了它需要突出表現的重點是琥珀飾件。這件琥珀項鍊的特殊之處在於它主體部分的琥珀飾件的未經雕琢。它的這種未經雕琢與同墓中出土的任何一件直接出現在視線之內被欣賞的琥珀製品都有所不同，它看起來像是未經打磨的，保有較為原始的、不規則的狀態。而同墓中出土的琥珀製品裏，哪怕是素面的題材，如瓶、珠子等等對象，都被打磨至光滑圓潤的形態。這件琥珀飾件形狀特殊，處理看似不經意，但它卻又被珍珠和金絲這些同樣較為珍貴的材料所簇擁起來，被珍而重之地放置在了中間，並佩戴在公主頸上十分明顯的位置，黃金被完全隱藏，珍珠淪為陪襯，而這種組合形式所呈現出來的琥珀飾物的表現力，也更像是一種十分純淨的、單一材料的力量。同樣是以琥珀、珍珠和黃金三種材質組合而成的琥珀珍珠頭飾又完全不同了。頭飾出土時倒在公主的屍身胸前，想必是下葬時被公主佩戴在頭上，而隨著時間的推移跌落在了公主胸前。按照這件頭飾的佩戴方式來講，佩戴好頭飾又戴上金冠後，頭飾中由金絲穿綴的珍珠即被完全隱藏在髮絲之中，而珍珠在這種情況下則成為了幾乎無法示人的一個部分。珍珠的作用在這裡與上一件項鍊中珍珠的作用類似，它們隱藏起纖細的金絲，在發揮裝飾作用的同時，它們的包裹也把首飾佩戴的舒適度整整提升了一個量級——必須注意的是，項鍊與頭飾中起主要連綴作用的金絲，它們的直徑在 0.03～0.04 釐米之間，這樣纖細的金絲，其鋒利程度也十分可觀。如果說珍珠隱藏在髮間又被金冠所遮蓋是無法被證明美觀的，但起碼它還肩負起了保護飾物主人皮膚的責任。頭飾兩側的琥珀墜飾雕刻精緻，圖案、形狀和大小均十分對稱，無論是「龍」的雕刻還是琥珀材料的大小都明確地顯示出它們的主體地位，也與公主契丹皇族的高貴身份相吻合。但黃金的表現在這件頭飾中出現了轉變，如果說在項鍊中，琥珀是在三種材質中被推至目光焦點的一種，那麼頭飾中琥珀的地位雖然也是主體，但明顯它受到的關注被黃金分走了一部分。因為步搖頭飾的精髓就是其主人走路時隨步態搖曳的懸墜飾物，而這一部分，在這件頭飾中是由黃金製成的。這些金飾片十分輕薄，分組墜在穿孔的琥珀材料中，既不過分加重飾物的負擔，又改變了頭飾的樣貌。可以想見年輕的公主生前佩戴它們時，走起路來髮間耳際琥珀的柔潤色澤與飾片閃爍的金光交相輝映的樣子。黃金的地位在這件頭飾中無疑是十分重要的，但它們在公主的琥珀珍珠耳墜中完全失去了

其自身材質的魅力。金鉤是組成耳墜必不可少的一部分，它的材質只能證明公主的富有，同時，耳墜有裝飾作用的部分也是以金絲連綴，而在這裡，珍珠又一次將金絲完全掩蓋和包裹了起來。與項鍊和頭飾中出現的珍珠的功能傾向完全不同，它們的地位不再是包裹，然後退居於視線之外，而是被展示出來，隔開和連接雕飾精緻的琥珀飾物。2 件耳墜上相類似位置的珍珠大小幾乎相同，且每一個的形狀都十分圓潤和飽滿，必然是經過精心挑選和搭配的結果。在這副耳墜上，琥珀材質同樣不再是唯一能表現的材料，珍珠的確仍是襯托，但它卻決定了整副耳墜的審美傾向，與頭飾的富貴和金碧輝煌不同，珍珠看起來是冷靜而溫潤的。而且耳墜中的琥珀雕飾雖然精緻但過於小巧，要十分親近的人走到近處才能閱讀細節，反而是珍珠的色彩更加明亮，更加引人注目。頭飾與耳墜的相同之處也均在於此，琥珀材料的表現力不再佔據全部的位置，而是出讓了一部分給其他的材料，這都更像是製作日常生活中會使用的飾物的巧思，而不單純只具有為了陪葬製作的禮儀性物品的禮節性和等級性。關於組合問題，同樣還有上述陳國公主墓出土的串有琥珀珠的玉佩和慶州白塔出土的懸魚夾層錦塔幡，在這兩者中，琥珀明顯就不是一個需要被表現、被突出的材質和對象了。除了上文曾提及的瓔珞中的材質替換有一定身份地位的客觀因素包含其中，類似這種將琥珀完全作為其他材料的襯托的情況，則進一步消解了琥珀材質本身的珍貴性質和象徵意義。而在不同物品中琥珀材質微妙的地位關係，完美地展現出契丹貴族在使用琥珀材料證明他們自身尊貴時的靈活性。

第二節　借鑒與融合：琥珀的製作工藝

在探討琥珀的材質與各種組合的同時，製作琥珀的工藝是一個無法被忽視的問題。琥珀質地的輕盈、柔軟和脆弱，這從另一方面帶給了它容易被重新塑造和打碎的優勢，這是琥珀區別於其他材質的一個重要屬性。它的易於加工和溫暖柔潤的觸感，與玉器所固有的寒冷和堅硬是完全不同的。以上這些琥珀質地的特殊性，直接決定了它加工方式的靈活。雖然琥珀常常被歸結為玉器中的一個種類，從而進入整體被書寫，但是琥珀材料的有機、輕、軟、易雕琢和易損等特徵都指向了琥珀在製作工藝上與玉器或其他材料製作上的區別。關於遼代琥珀的雕琢方式與製作工藝，文獻與考古發現的出土物中並不能找到

任何有效的線索，但通過分析和觀察現存的琥珀製器物，以及對其他種類玉器製作的考察，能夠總結出其中一部分規律和特質。

遼代墓葬中出土的琥珀製品除打磨光滑的珠和素面題材的器物外，有雕飾的器物雕刻技法大致有浮雕、圓雕和鏤雕，其中多數雕飾是採取浮雕手法，外加陰線刻畫細節來完成的。浮雕是一種被壓縮在平面上的雕塑形式，它的特點是不能像圓雕一樣從各個角度觀賞，而只能在平面內進行有效的觀看。如前述陳國公主墓中公主與駙馬佩戴的瓔珞上的浮雕飾物，或公主與駙馬胸前所放置的浮雕琥珀飾，其中無論是人物、花鳥還是龍鳳，均以削減琥珀地子為主要手法，最終呈現出來的效果即是圖案凸出於器物表面的浮雕效果。圓雕的琥珀飾物在遼代出土的琥珀中也並不算少見，上文曾述及陳國公主墓出土的琥珀瓔珞中也有使用圓雕手法製作而成的琥珀飾件。與浮雕有所不同，圓雕是一種立體的雕琢，經過多維的構建，從而可對器物進行四面環視。立體圓雕是一種更富於藝術特殊性的雕刻方式，飾物的空間感更強，雕飾圖像所能容納的信息也更多。在眾多遼代出土的琥珀製品中，也可以在少量的幾件器物中看到鏤雕手法的運用。鏤雕又叫鏤空、透雕，一般是按照紋飾的造型決定鏤空的安排，有圓雕器的鏤雕，也有浮雕器的鏤雕。在陳國公主墓出土的琥珀珍珠頭飾中，兩件琥珀龍形飾件就是使用圓雕和鏤雕相結合的手法製作而成的。〔註9〕目前出土的遼代琥珀中，雕刻圖案過於複雜的飾物也並不多見，多數是根據材料的大體形狀，以較為粗獷的刀法，施以寥寥數刀勾勒出所要刻畫對象的特點，又將琥珀的表面進行拋光處理，大多浮雕飾物背面的凹凸不平也被較完整地保留了下來，這大約是為了減少不必要的磨損從而節省材料，可見琥珀是屬於較為珍貴稀少的材質。〔註10〕浮雕在琥珀飾物的製作中佔據如此重要的地位，這與琥珀材料的自限性有一定關係，琥珀的硬度為摩氏 2～2.5 度，材料脆弱，十分容易被損壞，其可塑性雖然強，但經受過於精細的琢磨可能會造成材料被毀壞的後果。以陳國公主墓中出土的 1 組 6 件的白玉組佩飾為例，這件佩飾由鎏金銀鏈將 1 件璧形玉飾和 5 件垂掛的玉墜組成。玉墜表面拋光，主題有蛇、猴、蠍、蟾蜍、蜥蜴 5 種形象。6 件玉飾雕工均十分細膩，使用了大量鏤空的工藝，然而，在琥珀飾物中，則只有上述公主佩戴的頭飾中的大塊琥珀飾件上

〔註9〕 徐琳：《古玉的雕工》，北京：文物出版社，2012 年，第 167～168 頁。
〔註10〕 許曉東：《中國古代琥珀藝術》，北京：紫禁城出版社，2011 年，第 130～132 頁。

運用了少量的鏤空工藝。但琥珀的柔軟，又令人們能夠直接用刀雕刻出花紋及外形，不像玉器的雕琢需要使用解玉砂才能成行，但兩者最後的拋光手法應當是類似的。

陳國公主墓出土動物紋飾玉佩

採自：內蒙古自治區文物考古研究所、哲里木盟博物館：
《遼陳國公主墓》，北京：文物出版社，1993 年。

雕刻加工琥珀的工具和方法雖然沒有更多史料和考古證據可循，但其情況，或與當時金銀器、玉器的情況相類似。在歐洲波羅的海東岸一帶發掘的一處公元前 3000 多年的，屬於那法（Nava）文化的遺址中，伴隨琥珀製品一同出土的，還有骨質工具和燧石，顯然是屬於當時歐洲先民加工琥珀的工具，〔註11〕可見琥珀的雕刻是較為簡單的。雖然隨著時代、材料和工具的發展，在玉料上進行雕琢的工具幾經改進，但其方式仍然較為複雜，且遼代的玉器之中，使用浮雕手法的並不算多。而遼代的工匠若要在一塊琥珀材料上進行雕刻，仍只需要使用到最簡單的工具──刀。沿用這種原始的刀刻方法，就可以雕刻出在玉料上使用複雜手段才能雕刻而成的圖案和紋樣。前者需要固定的作坊、工具、熟練的技術和手藝上乘的工匠，才能夠製作出符合皇室貴族要求的高水平工藝品；而後者在日常的生活環境中都可以較為輕易地做到。遼代出土的一部分雕飾較粗曠的琥珀製品，其形態不規則、雕刻花紋也並不過分複雜，背面又僅做了簡單的拋光處理，也許可以認為它們就是通過使用最為簡單的刀刻方法，在並不規則的琥珀表面上雕刻出圖案，又使用金

〔註11〕 Grimaldi , David A. "Amber : Window to the Past" , New York : Harry N. Abrams, Inc., Publishers , inassociation with The American Museum of Natual History , 1996 , p.145.

屬鑽孔，最後用某種皮革或類似的材料為之拋光，經過這樣一系列過程製作出的一件可以佩戴的飾物。雖然這樣的推想有其合理之處，但不能一概而論地認為遼代所有出土的琥珀製品的製作方式都是這樣的。例如，陳國公主墓出土的圓雕琥珀盒、慶州白塔出土的琥珀觀音像等，若要製成類似這樣精緻的器物，極大可能仍需要使用到類似琢玉的、更複雜的程序才能夠達到目的。〔註12〕

　　而在這其中，琥珀對玉器工藝的吸收也是毋庸置疑的。玉器在歷史中的序列是比較完整的，其無論是製作工藝還是生產模式都有據可考。遼代玉器的製作工藝是依靠遼建國之初俘虜的大批漢人工匠而發展起來的，他們把中原的手工業技術帶到了北方草原上，發展起遼代的治玉工藝。從出土的考古材料來看，遼代的玉器多採用平雕、圓雕、鏤雕、陰刻線裝飾等技法，工藝沿襲至唐代，繼而又吸取宋代的技巧，遼代的玉器製作，與當時中原流行的碾玉技術有很大淵源。〔註13〕其在製作工藝方面有如下三個較為突出特點：首先，玉器造型多採用動物、植物或人的形象，通常會製作成可隨身佩戴的飾物；其次，切割成片狀的玉器多採用鏤雕技法突顯圖案的輪廓，鏤空部位的形狀多不甚規則，有三角形、V字形、橢圓形或菱形等等，鏤空的線條也不算流暢，風格十分獨特；再次，玉雕的花紋通常使用長而連貫的平行陰刻線刻畫，而這些陰刻線不追求工整、平直，而是較為隨意、揮灑自如，並不過於程式化。〔註14〕以上遼代玉器的特徵，包括對題材的表現，在遼代的琥珀製品中或多或少都能夠看到相似甚至相同之處。

　　而遼代出土的琥珀，在涉及到琥珀材料本身的製作工藝，及對玉器製作方法的借鑒和吸收外，在應用多種材質組合的飾物中，不可避免要談及一部分遼代的金銀器製作工藝。在陳國公主墓出土的琥珀製品中，能夠體現出來的金銀器製作工藝並不算多，可以明顯感受到金、銀仍是琥珀製品的配件，並不是主要表現的對象。但必須承認的是，正是由於遼代金銀器工藝的高度發展，大量諸如此類具有組合性質的飾物才會出現，金銀本身具備上佳的延展性，極易塑形，加諸其上的加工方式自然也較為多樣。在陳國公主墓中與

〔註12〕蘇芳淑：《契丹玉和琥珀雕飾初論》，上海博物館編：《中國隋唐至清代玉器學術研討會論文集》，上海：上海古籍出版社，2002年，第237～248頁。

〔註13〕許曉東：《遼代玉器研究》，北京：紫禁城出版社，2003年，第28～29頁。

〔註14〕周曉晶：《獨運匠心的遼代玉器》，《遼寧省遼金契丹女真史學會會議論文集》，瀋陽：遼寧教育出版社，2012年，第131～135頁。

琥珀相結合的金銀飾部分，工藝體現較為明確的，如公主所佩戴頭飾中的金片，就是使用遼代金銀器最基本且運用最廣泛的錘鍱工藝製造而成的。錘鍱工藝是歷史最為悠久的金屬加工工藝，〔註15〕早在商周時期，工匠就開始在金銀器工藝中採用錘鍱技術，「錘鍱」一詞最初的含義是將金屬打製成薄片，後引申成為一種金屬成型的工藝名稱。錘鍱之法在遼代主要用於打製器皿的主體造型以及器物上紋飾的凸出部分，使用錘鍱工藝製造的器物要比採用鑄造方式製成的器物更輕薄，從而更加節省材料。焊接工藝則更多體現在金鏈與金環的連接處，是大部分黃金器物的製作中都需要應用到的一種十分常見的工藝手法，焊接可分為點焊、線焊和面焊等多種方式，在琥珀所使用的金鏈上，則主要表現為點焊。石可在其碩士學位論文《遼代陳國公主墓出土金器製作技術與工藝研究》中，對陳國公主墓中出土的鏤花金荷包與鏨花金針筒的焊接工藝進行了十分細緻的分析，她發現兩件文物焊接部分使用的焊藥成分不同，證明遼代的工匠可以根據不同器物的焊接要求，選擇使用不同的焊藥，這也能夠表明焊接工藝在遼代已經發展至較高的水平。〔註16〕琥珀飾物中起連接和穿綴作用的金、銀絲則主要是通過拔絲工藝製作而成的，其使用的工具是鐵砧、錘子、拔絲板和鉗子。除了拔絲法製作金線，扭絲法也可製作出撚金線。遼代的拔絲工藝十分精湛，工匠們將鑄造好的金條反覆退火、過酸、捶打，再通過使用拔絲板將金絲抽出。〔註17〕

　　至於遼代金銀器的裝飾題材，則要比玉器豐富得多，常見的有動物、植物、人物故事等。動物題材中又大致可分為神靈動物和自然動物兩個種類，神靈動物有龍、鳳、摩羯、翼馬、狻猊、三足烏等，而自然動物又有鹿、獅、雁、鸚鵡、鶴、鴛鴦、雀、梟、魚等，囊括了天上地下以及自然界中可以看到的多數動物，而這些幾乎都能夠成為遼代金銀器所表現的題材，可見其包容性之強。植物題材則大致可分為寫實花草和變形花草兩種，寫實花草中又以牡丹紋、纏枝蓮紋、荔枝紋、石榴紋、葫蘆枝紋、梅花紋等為多，變形花草則有束結卷草紋、渦溝紋等，這些題材與儒家文化中常使用的題材幾乎完全重合。金銀器中

〔註15〕石可：《遼代陳國公主墓出土金器製作技術與工藝研究》，內蒙古師範大學碩士論文，2019 年，第 74～75 頁。

〔註16〕石可：《遼代陳國公主墓出土金器製作技術與工藝研究》，內蒙古師範大學碩士論文，2019 年，第 52～55 頁。

〔註17〕石可：《遼代陳國公主墓出土金器製作技術與工藝研究》，內蒙古師範大學碩士論文，2019 年，第 64～67 頁。

表現人物故事的題材也有伎樂、嬰戲、庭院賞月、竹林七賢、孝子圖等諸多內容，除了伎樂中常常表現胡人外，其他幾類也具有明顯的繼承性。〔註18〕綜上所述，動物是各種材質均表現較多的主體物，而與金銀器相比，植物題材在琥珀和玉器中的表現明顯較為單一。無論是在金銀器中還是在玉器、琥珀器中，人物題材都不及動、植物的題材表現範圍廣闊，但金銀器所涵蓋的題材內容遠多於玉器和琥珀器所能表現的主題，而這樣的情況，必然是與不同材料之間各自不同的固有屬性所直接相關的。

此外，關於遼代對琥珀產生影響的工藝品，還有必要一提的，是遼代的瓷器以及它們的紋飾與題材。遼瓷係以中原瓷窯為基礎發展而來的，遼建國後，俘虜了為數不少的漢族製陶工匠，契丹人廣泛學習漢族的製作陶瓷的技術，使得瓷器工藝高度發展，其突出表現在考古發掘活動中所發現的，遼地分布十分廣泛的眾多瓷窯上。〔註19〕遼代陶瓷文化在自身的形成和發展過程中，融合和吸收了契丹民族和中原各自的特點，兼收並蓄，〔註20〕藝術風格十分獨特。遼代瓷器的造型形式十分豐富，根據形制可分為中原形式和契丹形式兩類。其中，屬於中原形式的瓷器有杯、盤、碗、碟、盂、罐、壺等；屬於契丹形式的瓷器有長頸瓶、盤口瓶、穿帶壺、注壺、雞冠壺、鳳首瓶、雞腿壇、海棠式長盤、三角形碟、方碟等。〔註21〕遼瓷裝飾手法主要有模印花紋、刻畫花紋和塑貼花紋等。其中塑貼花紋更加普遍，製作方法是將印或塑出的花紋部分貼在胎上，然後燒製而成。通常雞冠壺以塑貼為常見，而三彩盤則多用印花，釉上畫花的裝飾技法則是較後期才出現的。〔註22〕遼瓷的題材也十分廣泛，與玉器、金銀器的裝飾題材相似，以植物紋樣最為常見，動物、人物等其他題材較少。但遼瓷的裝飾紋飾大多簡潔且較為粗放，描繪精緻的裝飾圖案並不多。植物紋中又以花卉紋最為流行，較為多見的兩種是蓮紋和牡丹；動物紋中，以鳥類紋飾最為多見，其次有蜂蝶、猴子，還有零星的龍、鳳、獅子等圖樣；人物紋總

〔註18〕王春燕：《遼代金銀器研究》，吉林大學博士論文，2015 年，第 176 頁（或第 188 頁）。

〔註19〕宋建華：《遼代陶瓷的藝術特色》，《吉林大學社會科學學報》1994 年第 4 期，第 94～95 頁。

〔註20〕李紅軍：《遼瓷的造型、裝飾藝術及其美學特徵》，《遼海文物學刊》1995 年第 1 期，第 108～115 頁。

〔註21〕李文信：《遼瓷簡述》，《文物參考資料》1958 年第 2 期，第 10～22 頁。

〔註22〕宋建華：《遼代陶瓷的藝術特色》，《吉林大學社會科學學報》1994 年第 4 期，第 94～95 頁。

體來講並不多見，大致包括嬰戲、馴獸、舞者以及一系列與佛教相關或被神異化的人物形象；除此之外，遼代的瓷器上還出現有火珠紋、各種仿皮條、皮扣的紋飾和連珠紋、重圈紋、圓錢紋等幾何類的紋飾。〔註23〕

　　綜上所述，動、植物紋飾是在琥珀器、玉器、金銀器等工藝品上都能夠見到的紋飾圖案，雖然瓷器上表現植物更為常見，但顯然在琥珀器上還是以動物為主，而瓷器中少見的龍、鳳題材，正是陳國公主墓出土琥珀中最大宗的表現內容。這類不同材質工藝品題材上的區別，也表明了琥珀、金銀器、瓷器等不同工藝品在遼代所面向受眾的階層等級的不同。而在以上各種材質的工藝品中，相同或相類似的主題和表現形式的呈現均十分鮮明，題材的相互流通與借用，體現出的不僅僅是琥珀這一種材質對各種製造工藝的包容性，而是囊括了更深層次的，遼代手工業的審美取向和契丹人對日用器物表現題材的選擇和接受程度。

　　到這裡，就有必要提及使用和融入上述工藝與審美來製作琥珀器物的遼代工匠以及當時的手工業發展情況。雖然上文也曾提到，對於遼代琥珀的製作和加工，並無過多史料和考古證據能夠證明，而且關於遼代手工業的發展情況，相關記載也並不多，目前學界對其產生的認識更多是借助於考古發現的各類遼代出土文物來進行深化的。其中，關於遼代瓷器、紡織品、金銀器、玉器的生產加工等方面都取得了相當的進展。很顯然地，遼代琥珀的製作能夠相當程度上地借鑒遼代玉器製作的生產、組織形式等。遼代的手工業是在遼建國後逐漸發展起來的，首先是瓷器的製作，遼代燒製瓷器的窯址在遼五京範圍內均有發現，其產量並不在少數，也有諸多出土文物可以進行佐證。遼代的紡織業發展更早，《胡嶠陷虜記》中寫道：「西樓有邑屋市肆，交易無錢而用布。有綾錦諸工作……」〔註24〕又有《乘軺錄》中「沿靈河有靈、錦、顯、霸四州，地生桑、麻、貝、錦，州民無田租，但供蠶織，名曰太后絲蠶戶」的記錄。〔註25〕且遼墓中出土有眾多精美的絲織品，足以證明遼代紡織業發展的先進程度。遼代金銀器的製作水平更是有目共睹，其使用之廣泛，幾乎深入了遼代社會生活的方方面面。至於遼代玉器的製作和情況，由於史

〔註23〕刁穎瑞：《遼代陶瓷的裝飾研究》，吉林大學碩士論文，2018年，第28～59頁。

〔註24〕〔北宋〕佚名：《胡嶠陷虜記》，趙永春輯注：《奉使遼金行程錄》，北京：商務印書館，2017年，第9頁。

〔註25〕〔北宋〕路振：《乘軺錄》，趙永春輯注：《奉使遼金行程錄》，北京：商務印書館，2017年，第20頁。

料的缺失，則又要通過對瓷器、紡織品和金銀器製作的維度來進行考量。遼的手工業管理制度承唐仿宋，〔註 26〕為管理手工業事務以及各個行業的工匠，在「南面朝官」系統中設有中央機構「將作監」和「少府監」，〔註 27〕均屬於手工業的國有工場，為宮廷服務。在其之下，又有隸屬於宮衛的手工業從業者，其組成以被俘的外來人口為主。遼代宮衛的工匠雖與國有工場的隸屬機構不同，但二者的主要職能皆是為皇室服務。而契丹的皇族、后族，以及其他高級官僚，通常有機會建立私人頭下軍州和私莊，在其所佔有的大片土地之上的居民中，應當不乏被俘獲的工匠，其自然也能夠在私有的土地上進行手工業的生產和製造。此外，根據史料中的相關記載，似乎也在暗示學者們產生遼朝民間不乏私自製作手工藝品的工匠的類似聯想。如遼道宗清寧四年（1058 年）「十一月……禁造玉器」。〔註 28〕而以上這些形式都是伴隨著社會經濟的發展必然會產生的情況。

上述討論多是以瓷器、紡織品、金銀器的製造和生產為基礎的，儘管不同種類的手工業生產個中存在著巨大的差異性，具體情況也不能夠完全吻合，但其對遼代玉器與琥珀製作的參考價值仍舊非常高。〔註 29〕而遼代墓葬中大量出土的琥珀製品，除少量如前述陳國公主胸前所置「胡人馴獅琥珀佩飾」之流整體較為特殊的器物或為境外引進，其餘大多數可以見到的，其刀工、題材與審美取向上具有較高一致性的器物，應均出自遼境內工匠之手，這其中的組織形式與生產細節，仍有待進一步探索。

〔註 26〕 張國慶：《遼朝工匠及其管理初探——以石刻文字為中心》，《史學集刊》2019年第 4 期，第 55～60 頁。

〔註 27〕 〔元〕脫脫等：《遼史》卷 47《百官志三》，北京：中華書局，2016 年，第 864頁（或第 881 頁）。

〔註 28〕 〔元〕脫脫等：《遼史》卷 21《道宗本紀一》，北京：中華書局，2016 年，第291 頁。

〔註 29〕 許曉東：《遼代玉器研究》，北京：紫禁城出版社，2003 年，第 23～28 頁。

第六章　葬儀及審美中的琥珀

第一節　琥珀的喪葬機能

　　回顧陳國公主墓中琥珀的出土位置，公主與駙馬均由頭至腳被琥珀製品所包圍，雖然屍床上也出土有一些玉器（可佩戴於公主與駙馬屍身上的典型器物如上文提到過的玉質佩飾），但就公主和駙馬屍身之上的布置來看，琥珀顯然是更為重要的一種材質。如公主和駙馬屍身上最為醒目的琥珀瓔珞，以及二者雙手中各自套握的琥珀握手，其與墓主的身體所發生的緊密接觸是不可忽視的。而這種以接觸為直接表現的陪葬品，在遼代契丹人的其他墓葬中也有很多發現。如上文曾列舉過的吐爾基山遼墓中墓主人頸部佩戴的兩組瓔珞佩飾、葉茂臺 7 號遼墓墓主人手中所握的水晶珠、小劉仗子 4 號遼墓墓主手中分別抓握的 2 件玉竹節握手，這些都是與墓主人身體發生緊密聯繫的隨葬器物。在遼墓中，同樣與墓主人身體發生強烈且明確關係的物品，要數契丹人墓葬中的覆面和網絡最為特別，且金屬覆面和金屬網絡的出土，有較多實例，研究也十分豐富。除了陳國公主墓中出土的銀絲網絡和金面具外，典型的又如 1981 年發掘的豪欠營 6 號遼墓中的女墓主，其身穿銅絲網絡和多層葬服，臉覆鎏金銅面具；〔註1〕這種以金屬覆面和金屬網絡將屍體包覆起來的特殊葬俗，有學者

〔註 1〕　陸思賢、杜乘武：《察右前旗豪欠營第六號遼墓清理簡報》，《文物》1983 年第
　　　　　 9 期，第 1～8 頁（或第 97 頁）；吉成章：《豪欠營第六號遼墓若干問題的研
　　　　　 究》，《文物》1983 年第 9 期，第 9～14 頁。

認為從根源上看是契丹族原有的「死不墓」[註2]習俗與漢文化中的「停屍、守靈、重孝」習俗相結合的產物；從功能上看，學界較為認可的看法則是為了保存死者的屍體，並美化粉飾死者的樣貌。[註3]

更進一步來看，在保存十分完整的陳國公主墓中，琥珀製成的各種飾物，與穿戴在二人屍身之上的網絡、覆面、鞋靴等不同材質的起到包覆作用的物品相互聯結，共同將公主與駙馬的身體固定並保存了下來，是墓葬中對身體裝飾的不可或缺的一個部分。

陳國公主墓出土琥珀示意圖

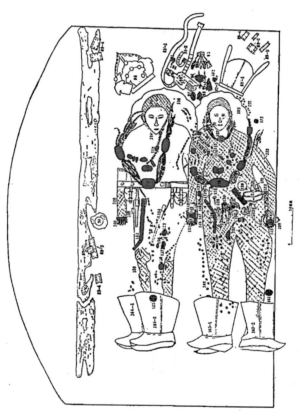

筆者製作；原圖採自：內蒙古自治區文物考古研究所、哲里木盟博物館：《遼陳國公主墓》，北京：文物出版社，1993 年。

〔註2〕〔北宋〕歐陽修、宋祁：《新唐書》卷 219《契丹傳》，北京：中華書局，1975 年，第 6167 頁：「死不墓，以馬車載屍入山，置於樹顛。子孫死，父母旦夕哭；父母死則否，亦無喪期」。

〔註3〕陳永志：《黃金面具、銅絲網絡與祖州石室》，《中國歷史文物》2002 年第 3 期，第 58～63 頁。

　　而這種成套的衣飾之間的關係，在遼代，除了金屬網絡和金屬覆面的固有形式，表現在葉茂臺 7 號遼墓和吐爾基山遼墓中，若將兩位女墓主的穿戴多層葬服和瓔珞等佩飾的入葬方式與陳國公主墓的全套衣飾稍作比較，即可在墓葬的整體語境之下，找到一些微妙的聯結。如葉茂臺 7 號遼墓，女墓主手握水晶珠，頸上戴有水晶琥珀瓔珞，身上還穿戴有冠帽、十餘件葬衣、軟靴以及其他材質的一些飾品，最外層也覆蓋有一層覆屍衾。〔註4〕在這樣一套十分完整的葬服中，不僅包括有冠帶、衣物，同時也有各種材質的飾物加入。而琥珀在陳國公主墓中之所以如此醒目，則是因為它的體量較之其他墓葬出土的成套「葬服」中的飾物顯得更加豐富，而它們在契丹人墓葬中的這種成套「葬服」的形式和觀念之中，明顯扮演了一個十分重要的角色。那麼為什麼契丹人要使用琥珀，而不是其他材質來填補葬服之中除去網絡和面具之外的空白呢？

河北省滿城劉勝墓金縷玉衣

採自：河南博物院：https://www.chnmus.net/ch/collection/appraise/details.html?id=512154034823486264，最後檢索時間：2024.2.28，23:52。

　　遼墓中出土琥珀的體量在縱向的歷史中是最為突出的，尤其是陳國公主墓中所表現出來的契丹人對琥珀這種材質的偏好，可以從前文對於紅山文化墓葬中的「紅山薩滿」與「唯玉為葬」的論述中得到一些相關的啟發。類似的，並且更加成熟和詳盡的情況可以參照漢代墓葬中表現出來的人們對玉器的偏愛以及重度使用。漢代的玉文化繼承先秦文化發展而來，葬玉在漢代的喪葬觀念中佔有十分重要的地位。原始社會時期，就已經出現有使用大量玉器作為陪葬的「玉殮葬」形式，漢代繼承了先秦儒家的「貴玉」思想，且漢人認為玉石

〔註4〕遼寧省博物館、遼寧鐵嶺地區文物組發掘小組：《法庫葉茂臺遼墓記略》，《文物》1975 年第 12 期，第 26～36 頁。

具有使逝者的身體或者靈魂始終凝聚的作用：「口含玉石，欲化不得，鬱爲枯腊。千載之後，棺槨朽腐，乃得歸土，就其眞宅。」〔註5〕明顯可以感受到，理想化的玉石的概念中已經充斥了漢代人們對永恆與升仙的嚮往和思考。〔註6〕而基於這種思想觀念的深刻影響，漢代墓葬中出土的葬玉十分豐富，明確地顯示出當時的人們（尤其是貴族）在喪葬活動中對各種玉器的偏愛。從綴玉幎目發展到玉覆面，從綴有玉石的衣物演變為形制較為完備的整套玉衣，以及死者屍身上使用的以玉製作的九竅塞和玉琀、玉握手中來看，〔註7〕葬玉的制度，發展到漢代已經具備了一整套十分完善的體系，〔註8〕漢代帝王以及高級貴族的墓葬中，以玉衣作為斂服的情況，一直延續到東漢末年。〔註9〕

　　漢代遺留下來的完整的玉衣首次被發現是在1968年——即滿城漢墓中所出土的兩套金縷玉衣。〔註10〕雖然玉衣內劉勝和竇綰的屍骨已經全部腐朽，但遺留下來的玉衣，則將墓主人逝去時的狀態完整地保存了下來。〔註11〕巫鴻將滿城漢墓中出土的玉衣形容成「比喻」的表現方式，他認為這兩套金縷玉衣是被當做「玉人」進行設計和製作的，其中以玉做衣服的概念被完全打破了，取而代之的則是將玉當做皮膚，聯結成為整個的裸體的人形。巫鴻認為滿城漢墓中劉勝石質的棺室正像解玉時被逐漸剝落開來的玉石表皮，而棺室之內所盛放的，則是由玉衣轉化而成的「玉人」中山王劉勝。巫鴻在其文章中，詳細地描述了這種發生在象徵世界的轉化過程，以及其中被應用到的「層累」（layering）技術：從屍體周身被使用的所有葬玉的視角出發，不同組別的玉器有次序地將屍身填塞、封閉、保護、掩蓋和包裝起來，而在這一漸進的過程

〔註5〕〔東漢〕班固：《漢書》卷67《楊王孫傳》，北京：中華書局，1962年，第2908頁。

〔註6〕〔美〕巫鴻，鄭岩譯：《「玉衣」或「玉人」？滿城漢墓與漢代墓葬藝術中的質料象徵意義》，《禮儀中的美術：巫鴻中國古代美術史文編　上》，北京：生活‧讀書‧新知三聯書店，2005年，第123～142頁。

〔註7〕盧兆蔭：《論玉文化在漢代的延續和發展》，《中國歷史文物》2004年第3期，第4～14頁（或第89～90頁）。

〔註8〕林蘭英：《試析周代的葬玉對漢代玉衣的影響》，《東南文化》1998年第2期，第126～130頁。

〔註9〕盧兆蔭：《試論兩漢的玉衣》，《考古》1981年第1期，第51～58頁。

〔註10〕中國科學院考古研究所滿城發掘隊：《滿城漢墓發掘紀要》，《考古》1972年第1期，第8～18頁（或第65～71頁，或第28頁）。

〔註11〕中國社會科學院考古研究所、河北省文物管理處編：《滿城漢墓發掘報告　上》，北京：文物出版社，1980年，第36～37頁。

之中，自然的屍體逐漸變得越來越接近一尊堅固的玉質雕像，具有了如玉一般永恆和堅固的特質。而在墓葬中最終保存下來的，也是墓主人已經轉化了的玉質的軀體。〔註12〕在這樣的轉化過程中，玉石與墓主的身體發生了十分密切的關係──它們相互貼近，又由這種接觸和包裹，在墓葬所獨具的漫長而凝固的時間進程中，以玉石將墓主人的身體進行控制或轉化，最終墓主人原本存在於凡塵俗世之中的屍身得以轉變成為與玉石具有相近或相同品質的新的身體。在這一意念內的轉化過程中，最為重要的一個元素即是玉器，以及它所代表的與永恆和升仙直接相關的美好願望。

陳國公主墓出土銀絲網絡

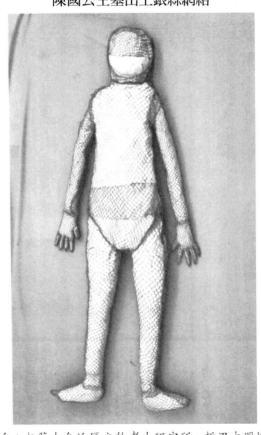

採自：內蒙古自治區文物考古研究所、哲里木盟博物館：《遼陳國公主墓》，北京：文物出版社，1993 年。

〔註12〕〔美〕巫鴻，鄭岩譯：《「玉衣」或「玉人」？滿城漢墓與漢代墓葬藝術中的質料象徵意義》，《禮儀中的美術：巫鴻中國古代美術史文編　上》，北京：生活·讀書·新知三聯書店，2005 年，第 123～142 頁。

在討論過漢代墓葬中玉器的使用方式與功能後，可以輕易看出，陳國公主墓中所表現出來的這種將墓主人生前與死後的形象所進行的定格，其指向的觀念，與滿城漢墓中的「玉人」，雖然不能說是完全一致，但也確有一些可以詳細考量的共同之處。前文曾經指出琥珀握手對公主和駙馬身體主權的強調作用，與此相對應的，這種強調的表象之下，則是契丹人對外來喪葬習俗的融合與內化。而琥珀在墓葬中，似乎也能夠起到對二位墓主人的身體進行轉變的一定功效。但是更加值得關注的，是琥珀在使用過程中，與漢代墓葬中使用玉器所表現出來的不同的方式，乃至其被契丹人關注的獨特性質。從古至今，人們對於使用一種或多種無明確的實用性功能的材料來進行裝飾的喜好始終都沒有發生太大的轉變，無論這種裝飾的行為以及作為裝飾的物品本身被人們賦予了什麼樣的含義。

雖然在墓葬中，契丹人使用的是琥珀這種更具契丹精神內核的材料，正如在陳國公主墓中契丹人對琥珀有意圖地使用方式——將屍身上各種類別的物品都以琥珀來製作，這或許可以引發一種猜測——琥珀是構成陳國公主的喪葬過程中重要的禮儀性的「葬服」中關鍵的一部分。

回顧前文的不同個案，可以發現一些陳國公主墓出土的不同器物中所共同隱含的奇妙規律，從瓔珞中被琥珀材料所包裹，並固定住琥珀材料的銀絲，到穿透握手並將其緊緊綁縛在死者手中的金鏈條，它們都展示出一種固執並且永恆的裝飾性特點。這些飾物與屍身上穿戴的網絡、面具等，保有相類似的功能——它們共同固定了死者身體的狀態，並且以自身材質「不朽」的特性，成功地將其保存至今：無論是公主與駙馬的面容，還是他們下葬時的身體姿態以及他們身上所保有的象徵皇室威嚴與尊貴的飾物。而瓔珞與頭飾等佩飾也成為了這種大範圍固定中的一個微妙環節和配件，像無數顆螺絲釘，固定住了一件機器那樣地，成為一整套「工具」共同守護住了公主與駙馬身上被人期待的永恆性——這種類似葬服的成套工具承載了比葬服本身更加細膩且具有思想的功能。

成套葬服的觀念和形式在契丹最傳統的葬俗中是並不存在的。根據兩唐書〔註 13〕和《新五代史》〔註 14〕等文獻記載中所反映出的北朝至遼建國初期

〔註13〕〔後晉〕劉昫等：《舊唐書》卷 199 下《契丹傳》，北京：中華書局，1975 年，第 5350 頁：「其俗死者不得作冢墓，以馬駕車送入大山，置之樹上，亦無服紀。子孫死，父母晨夕哭之；父母死，子孫不哭」；〔北宋〕歐陽修、宋祁：《新唐書》卷 219《契丹傳》，北京：中華書局，1975 年，第 6167 頁。
〔註14〕〔北宋〕歐陽修：《新五代史》卷 72《四夷附錄一》，中華書局，1974 年，

契丹人的主要葬俗來看，契丹民族早期的葬式是以樹葬和火葬為主，類似「不得作冢墓」「死不墓」這樣的記錄說明契丹人早期的葬式並不是土葬，而將屍體「置之樹上」則說明當時契丹還實行過樹葬。至於死後將屍體安置在樹上，待三年後又改收其骨焚之，這種焚燒骨殖的習俗則當屬火葬。不過此種火葬又與直接焚屍的火葬有所不同，這個過程中所涉及到的觀念問題顯然也具有更加古老的宗教內涵。〔註15〕但隨著漢化禮俗對契丹人的種種影響，遼代以屍骨入葬的情況根據考古現狀來看已非常普遍。〔註16〕中原儒家禮俗文化對契丹人的影響，在墓葬中表現在方方面面，而這樣的影響和葬制變化情況發展到遼中期時，體現在陳國公主墓中，已經明確顯示出了契丹人對漢文化觀念的大幅接受，且其已經在草原的生活中發生了一定的內化和自洽。

陳國公主墓出土金面具

採自：內蒙古自治區文物考古研究所、哲里木盟博物館：《遼陳國公主墓》，
北京：文物出版社，1993 年。

第 888 頁：「父母死，以不哭為勇，載其屍深山，置大木上，後三歲往取其骨焚之，醉而呪曰：『夏時向陽食，冬時向陰食，使我射獵，豬鹿多得』」。

〔註15〕馮繼欽、孟古托力、黃鳳岐：《契丹族文化史》，哈爾濱：黑龍江人民出版社，1994 年，第 170～171 頁。

〔註16〕彭善國：《遼代契丹貴族喪葬習俗的考古學觀察》，《邊疆考古研究（第 2 輯）》，北京：科學出版社，2003 年，第 298～308 頁。

　　而漢人對玉石的執著，雖然不能夠被契丹人完全理解，但也被挪用到了遼代契丹人仿照漢文化的觀念為自己營建的地下或天上的家園之中。玉是一種最早的神話，也是最早的一套成批出現的象徵天地、不朽的表述符號，其中所蘊含的想像和願望幾乎是無窮無盡的。而在這樣的挪用或吸收進程裏，由於契丹人對琥珀這種材料具有更深刻的理解，琥珀自然而然成為了玉石的替代品出現在墓葬深處，並發揮了一定的與玉石相類似的作用。儘管契丹人在為琥珀賦予更深層次含義的同時，所展現出來的對琥珀這種材料的獨特審美與漢人對玉器的理解是完全不同的。

第二節　琥珀所關聯的「祭」與「理」

　　漢代人想像墓葬是一個人離開塵世後去往仙途的必經之路，其中所配置的一切物品，都是去往另一個世界所需要使用到的轉化工具，承載著成為和保持永恆的功能與欲念。〔註17〕這種觀念在後世不斷演變，墓葬這種形式在時間的洪流中也早已不再單純是一個轉化的空間，它們被賦予了更多具有實用意義的功能。正如十分常見的宗祠，人們常常在祭拜祖宗的過程中祈求祖宗的保佑，無論這種祭拜的活動是發生在祠堂還是發生在墓地，試問如果死去的人會在墓葬這個中轉站離開去往另外的世界，活著的人祈求的對象又是誰呢？死去的人進入墓葬，古往今來的人，希望的是留住他，還是他能夠最終經由墓葬去向另外的地方？通向死亡的路始終充滿想像，並且飽含其中的觀念與文化又再度不斷地相互促進和交融混合。而能夠直接體現這些觀念的，正是墓葬中的隨葬品，包括了生器、明器與祭器。在這其中，它們的使用則始終與一個問題相糾纏，即墓葬為何營造，為何布置。

　　無論在遼代，抑或是今天，死者即將面對的都是那個符合當下想像的未知世界，既可以稱為死亡（即去往另一個世界），也可以稱為往生（即以另一種形式回到現世）。生者的世界有「禮」，那麼死者的世界也一樣需要設置「禮」，而「葬」及其所包含的一整套儀式正是為此而存在的，並且其以令死者順利進入另一個世界為目的。死亡是一個理想的過程，通過葬禮，逝去的人在生者面前真正地由「生」走向「死」，無論是會長埋地下還是去往新生，對現實世界

〔註17〕〔美〕巫鴻，鄭岩譯：《「玉衣」或「玉人」？滿城漢墓與漢代墓葬藝術中的質料象徵意義》，《禮儀中的美術：巫鴻中國古代美術史文編　上》，北京：生活·讀書·新知三聯書店，2005 年，第 123～142 頁。

來說都是未知事件真正發生的時刻。而生者在這一過程中為葬禮的真正主人
打點好一切，以防備逝去的人面對未來時發生任何一點微小的失措。人們為了
幫助死去的人應對在前者想像中此後會發生的各種情況，而謹慎地準備了各
種各樣的物品（物質載體）與儀式（精神載體）。為喪葬的儀式和結果所專門
準備的明器中寄託了無數生者的願望。而生器這種死者生前曾經珍愛的器物，
則象徵著死者對塵世的留戀，也要一同帶走。去往新生的路是不能夠回頭的，
與此同時，送死者走向新生的人也一樣不可以做出會令死者留戀現世的事情，
這種對死亡的看法與道理貫穿古今，一直持續到當下。這是一種一體兩面的觀
念，而其作為觀念所包裹的內在本質，則是從古至今生活在這片土地上的人們
對「生」與「死」的哲學和理念。學者們通過墓葬去瞭解古代人們對於死後世
界的投射，由此觀察古代的現實世界，以及當時人們的生活與信念。

　　作為契丹貴族的陳國公主與駙馬，其下葬時所經歷的儀式過程，通過未來
考古技術的進一步發展，或許能夠得到妥善地推論或解決。目前所能肯定展開
探討的，則是這夫妻二人在經歷過一系列複雜儀式後呈現出的面貌。前文已經
初步分析過，關於將兩位死者形體保留和固定下來的一系列程序。那麼契丹人
為什麼要這麼做呢？畢竟短暫地保持屍身的「不朽」只是儀式的第一步，「形
魂不滅」的最終目的是達到靈魂的不朽。這類思考下落到陳國公主墓中，在對
兩位墓主人屍身的固定的相關討論基礎上更進一步，則涉及到一個問題，即公
主與駙馬靈魂的去處。

　　僅從形式上來講，在陳國公主墓中，體現在由琥珀參與的整個形式上的
「固定」──從固定住的佩飾的形制，到固定的一整套「葬服」，它們共同將
逝者身體的形穩定地保存了下來。其中包覆的肉身即使腐化了，但死者的身體
形貌已經被其外圍的束縛（面具、網絡、裝飾）妥善留存，而公主和駙馬安睡
的屍床以銀為骨架，其上覆蓋的精緻的絲綢帷幔也墜滿了銀質的流蘇，整個墓
室的封存則意味著時空的凝固，即使逝者的肉體在其中灰飛煙滅，靈魂不知去
處，仍然留下了最接近真實的可供懷念的形式。形體的固定從某種意義上來
說，已經能夠實現生者的願望，至於終將腐化的肉身會去哪裏，這已經是活著
的人無法掌握和窺探的天機了。

　　思想和文化觀念的融合與轉變進程緩慢又迅速，以常識去揣測整個墓葬，
可能有很多有意義的布置和展示，連當時的人自己都不知道究竟是來自於什
麼樣的觀念。宗教正是這樣一種能夠在隨葬品以及墓葬的布置中表現當時人

們生活中思想內容的重要因素。而陳國公主墓出土的一系列琥珀製品，不僅體現出了遼代契丹人對材料的審美與利用方式，也在某種意義上向世人展示出他們對宗教的理解和信仰。

契丹人對原始萬物生靈的崇拜一直沒有被其他信仰所完全替代，前文曾對此做出過詳細的探討與論述，這其中蘊藏了層疊的思想和文化內涵，難以輕易釐清。且限於文獻記錄的缺失，很難找到準確的切入點去討論遼代契丹貴族在喪葬過程中所抱持的複雜觀念。另一角度來說，毋庸置疑地，琥珀是一種與佛教有強烈相關性的材料——相傳琥珀是「佛教七寶」之一。佛教七寶也叫「七珍」，是指佛教中的七種珍寶。關於七寶的具體內容，據各經記載，除金、銀兩種寶物十分固定外，其餘五種主要由包括玻璃、琉璃、珊瑚、瑪瑙、硨磲、琥珀、珍珠、水晶、瑟瑟等寶石在內的不同珍寶組成。〔註18〕在史書中表明使用琥珀製作佛教法物的記載比比皆是，〔註19〕不僅如此，以琥珀製作的器物和陪葬品，在遼代的佛塔地宮中也有大量的出土，對此，前文已展開了一些相關論述。

遼人佞佛，「遼以釋廢」既是落後的史觀對遼王朝某種角度的誤讀，同時也是對當時普遍信仰採取的一種較為單一的解釋方式。實際上遼代的佛教信仰，其來源和發展均十分複雜。在隋唐時期，佛教思想中國化的進程初步完成，三教合一是當時中國思想界的主流，唐代幾個中原大乘佛教宗派思想，可以顯見是印度佛教與儒道思想相互融合的產物。遼基本繼承了唐五代的佛教傳統，並且對其宗派進行了有意識的和有選擇的繼承，〔註20〕同時，遼在政權存續期間，還吸收了渤海、回鶻等多地的佛教文化，〔註21〕發展和建設了獨特的宗教體系。而唐代是中國佛教走向世俗化的第一個高峰期，遼深受其影響，同時表現出複雜的世俗化傾向。〔註22〕這種傾向落入到墓葬體系中，產生了大量帶有佛教元素的陪葬品以及藝術表現形式。

〔註18〕丁福保：《佛學大辭典》，北京：文物出版社，1984 年，第 58 頁。
〔註19〕〔唐〕張鷟、范攄，恒鶴、陽羨生校點：《朝野僉載 雲溪友議》卷 3，上海：上海古籍出版社，2012 年，第 34 頁。
〔註20〕袁志偉：《10～12 世紀中國北方民族的佛教思想與文化認同》，西北大學博士論文，2014 年。
〔註21〕鞠賀：《遼朝佛教信仰研究》，吉林大學博士論文，2021 年。
〔註22〕張國慶：《遼代佛教世俗表象探微——以石刻文字資料為中心》，《黑龍江社會科學》2014 年第 4 期，第 144～148 頁。

　　而這就不得不提到琥珀的產地問題。在漢文歷史文獻中，有不少與琥珀產地相關的記載，總體來看，其內容指出中國古代琥珀的來源以緬甸、波斯、大秦及其周邊地區為主，五代十國的文獻中甚至能找到將多種來源的琥珀進行對比的相關記錄。〔註23〕可見自漢代起，琥珀進口的途徑已經並不單一，而是作為一種多方來華的貿易品出現。雖然具體到遼代琥珀的來源情況，基本無史可考，但遼的地理位置及其對外貿易的情況均可與此相聯繫。且關於中國歷史中琥珀來源的相關問題已有學者進行過較為深入和專門的探討，筆者在此不欲贅述。〔註24〕目前，世界上主要產出琥珀的地區有歐洲波羅的海沿岸國家、俄國西伯利亞北部、地中海西西里島、中美洲的多米尼加和墨西哥，以及亞洲的中國、緬甸和馬來西亞，北美洲的美國南部和加拿大，大洋洲的澳大利亞和新西蘭等地。〔註25〕據許曉東在其論文中所述，遼代的琥珀多數為波羅的海所出，〔註26〕而其來遼的路線經學者總結和推測，或有三條，〔註27〕其中之一即為北方的草原絲綢之路。正如陳國公主墓中出土的 7 件工藝精湛的玻璃器皿，根據研究和分析，被認為很有可能分別來源於伊朗高原、埃及或敘利亞、中亞的地方甚至東羅馬帝國。〔註28〕而盛產琥珀的波羅的海在古代早因其繁盛的琥珀貿易而形成了數條商貿路線，亦即著名的「琥珀之路」。歐洲的「琥珀之路」大致可分為東線和南線兩條，其中東線以波羅的海沿岸為起點，經過基輔一帶，向南一直延伸到黑海，並在那裏與絲綢之路相交匯，由此通向近東、中亞、東亞的中國和南亞的印度；南線則從北海和波羅的海出發，越過維斯杜拉河，經過維亞隘口，到達多瑙河畔的卡農土姆，然後沿阿爾卑斯山東麓翻山南下，到達亞德里亞海北岸重要的貿易中心阿奎利亞，從這裡，再經海路，去往意大利南部、希臘、北非、地中海東部和埃及。這條「琥珀之路」聯結了歐

〔註23〕〔前蜀〕李珣，尚志鈞輯校：《海藥本草》卷3，北京：人民衛生出版社，1997年，第 39 頁。

〔註24〕許曉東：《中國古代琥珀藝術》，北京：紫禁城出版社，2011 年，第 164～195頁。

〔註25〕李鵬：《琥珀的產地特徵鑒定》，天津大學碩士論文，2014 年，第 4 頁。

〔註26〕許曉東：《遼代琥珀來源的探討》，《北方文物》2007 年第 3 期，第 38～44 頁。

〔註27〕馬文寬：《遼墓遼塔出土的伊斯蘭玻璃——兼談遼與伊斯蘭世界的關係》，《考古》1994 年第 8 期，第 736～743 頁。

〔註28〕安家瑤：《陳國公主與駙馬合葬墓出土的玻璃器皿及有關問題》，內蒙古自治區文物考古研究所、哲里木盟博物館編：《遼陳國公主墓》，北京：文物出版社，1993 年，第 179～186 頁。

洲多個重要的城市，並維持了多個世紀，極大地繁榮了整個歐洲的商業貿易和文化交流。遼代的琥珀材料通過這樣輾轉的方式進入契丹人的領地，其來源和路徑直接指向了材料之中隱含的天然外來屬性，而這種外來屬性所揭示出的歷史信息和文化觀念，則早已在遼代被廣泛傳播，並且不可避免地在契丹人心中扎根和內化了。

第三節　琥珀及其審美徵象

抛開對喪葬與墓的討論，陳國公主墓中引出以上一系列問題的琥珀的特別之處，更在於契丹人加諸其上的審美方式。

通過對上文中各類琥珀製品的詳細分析，它們靈活的加工和使用方式已經充分地展現了出來。而且前文曾經強調過，琥珀在文獻中所展示出來的具有神秘治癒功效的觀念，包括其在現代中醫學中的持續應用，與玉器所展現出來的特質是完全不同的。儘管在漢文化視角的文獻和思想中，服食玉的現象也並不稀缺，而且遼代確實難以找到相關的記錄能夠對琥珀的此類功效進行佐證，但琥珀中所體現出來的藥用和養生觀念，是不能被忽視和否認的。這引出了一個更加神秘的問題，如前文曾提到過的，發現於遼寧朝陽姑營子耿氏第 2 號遼墓男主人口中的琥珀琀，它的真正作用到底是什麼？在死者口中放入食物，或許是恐懼飢餓，放入玉器，或許是由於玉所具有的豐富的象徵意義，雖然食用玉和在死者口中放入玉琀往往不被相互關聯，但琥珀所具有的，是比之玉更為實用的養生和治癒的功能和意涵。這一觀念使放入墓主口中的琥珀琀的功能更為突出，並且使「琀」這一明器的作用發生了微妙而模棱兩可的轉移。

說回琥珀本身，其所固有的紅色調，在遼代契丹人眼中，是十分重要的顏色。《遼史》中對遼代的祭祀禮服有這樣的一些記載，其中一條如下：「大祀，皇帝服金文金冠，白綾袍，紅帶⋯⋯小祀，皇帝硬帽，紅克絲（緙絲）龜紋袍。皇后戴紅帕，服絡縫紅袍⋯⋯」[註29] 在這些重要的祭祀活動中，契丹人對紅色的重點關注，可以直接證明紅色在契丹人眼中的重要性。同樣的，金色和白色在這種整體色彩的搭配上也與陳國公主墓出土的琥珀製品中的色彩傾向相一致。無獨有偶，在遼代契丹貴族的墓葬中，這種將紅色、金色作為重點突出

[註29]〔元〕脫脫等：《遼史》卷56《儀衛志二》，北京：中華書局，2016 年，第 1008頁。

表現的色彩傾向也有所體現，正如寶山遼墓在壁畫中大量使用的紅色、白色和金箔，足以證實契丹人對上述三種顏色的喜愛和偏好。

　　但與玉有所不同的是，琥珀所包含的信息，其焦點在於更深層次的契丹民族的精神文化內涵。正如上文所述及的，琥珀對各種工藝的使用與題材的借用和共融，它們直接反映出的是遼代契丹人的審美傾向。典型的例子有公主和駙馬所分別佩戴的大型瓔珞，其上不僅琥珀雕飾的從前到後的排列是由大到小的，琥珀珠的排列也非常考究——較大的被打磨光滑的琥珀珠排列在最大的琥珀雕飾兩側，最小的琥珀珠則處於貼緊佩戴者頸後的位置，以此類推，視覺上整體的量感排布都是從前向後十分規則的。這種琥珀飾物視覺上的排佈在耶律羽之墓中出土的琥珀瓔珞上更加確切地凸顯出來，此瓔珞上主體組成部分的琥珀飾件並不十分密集，其中琥珀飾是被突出展示的對象，雖然在這裡琥珀本身並沒有經過過多的雕琢，但是它們整體上形狀對稱、大小排列有序，很顯然是經過精心設計的結果。公主與駙馬所佩戴的琥珀瓔珞在形狀與大小的排列和設計之外，還有色彩的深淺變化參與進來。雖然琥珀製品整體的色彩組成多數是由不同材質的構成而帶來的整體傾向，但在兩人所佩戴的瓔珞上，這一傾向則是由琥珀材料本身的色彩屬性帶來的。這種色彩的微妙視覺性，並不是刻板地要求某一部分要符合某種標準，而是根據材料的個性靈活地進行處理。公主所佩的大型瓔珞上幾件較大的雕飾呈現出較為一致的橘黃色，而琥珀珠的部分雖然並不完全一致，但整體呈現出更深的橘紅色。這種兼顧了體量與色彩的秩序性和視覺性，似乎在提示，這些瓔珞擁有的是十分嚴苛和謹慎的主人以及觀者。

耶律羽之墓出土琥珀水晶瓔珞

採自：樂藝會：《大遼五京文物展玉器織錦雜項篇：石為雲根分享》：https://kuaibao.qq.com/s/20190315A0306700?refer=spider 最後檢索時間：2021.2.28，22:36。

　　琥珀材料本身所能呈現出來的色彩，大多數是深淺不一的黃色或紅色，也有少量的褐色，這是材料本身的屬性，不能夠被改變，是具有一定程度的單一性的。若單純地討論審美，無論是在當下的社會還是在歷史中，所有人都指向一種完全一致的色彩取向是十分不現實的猜想。所以琥珀在遼代墓葬中的呈現，必然是包裹有對契丹貴族身份或血統進行象徵的高貴含義在內的。

　　如遼墓中出土的數量較多的琥珀佩飾，又如陳國公主及駙馬蕭紹矩手中的4件握手和他們所佩戴的琥珀佩盒，這些器物的指向，都是將琥珀材料本身的色彩進行突出。但值得注意的是，公主與駙馬的瓔珞使用銀絲穿綴，但銀絲是完全被包裹在其中無法看見的，而握手和佩盒上的掛鏈，卻都是以黃金製成，他們的一致性即全部裸露在外，雖然是配件，卻成為構成琥珀器物整體色彩傾向的元素之一。而這種將紅色與金色相結合而成的色彩傾向在陳國公主所佩戴的琥珀頭飾中被加強了，雖然這裡有被隱藏起來的金絲，但頭飾更為奪目的部分也是由金片所組成，兩件琥珀龍形雕飾與它們之下各自垂掛的金片的完全對稱，也形成了這件頭飾的一種階梯式的色彩轉向。從琥珀的紅色，到金片的金色，這是與瓔珞所呈現出來的審美感受區別較大的。

　　在陳國公主墓出土的琥珀製品中，色彩並不是單純地疊加，也並不僅僅是一種整體的感受，更多表現在呈現於外部能夠被欣賞的細節之處。正如上文曾稍作分析的陳國公主墓中出土的琥珀珍珠耳墜，在這副耳墜中，黃金既是被掩蓋的部分，也是細節之處所能夠展現的皇室審美，耳墜的主體是由紅色的琥珀雕飾與色澤溫潤柔軟的珍珠所構成，它的整體色彩體驗並不像頭飾那樣奪目和熱烈，而是一種更加偏向於日常的、不具有強烈攻擊性的高貴。但是在將墜飾掛上耳部的金耳鉤上，這種皇家高貴身份的體現就又無處躲藏了。這類細節也是在進行一種暗示，即這件飾物的主人地位尊貴，她使用的物品在微末之處也需要保持精緻和完美。陳國公主墓出土的琥珀製品的色彩，在整體上來講是由琥珀本身多元的紅色、黃金的金色和珍珠的白色共同構成的，而且並不會在一件器物供人觀賞的正面均衡地使用具有三種色彩的材料，而是謹慎地進行了一定的搭配，並非以堆疊來彰顯地位，而是體現出一種克制的低調。

　　琥珀的獨特性解釋了在契丹人的墓葬中發現有大量琥珀製品的一部分原因，而這種現象所最終指向的，是契丹人對琥珀固有特性的接受和深切的讚美。在這些理解之中，又摻雜了契丹人隱藏的精神內涵。精神內涵的形成並非一日之功，目前所見的歷史文獻中，《魏書》是對契丹立傳的最早史料，這一

史書雖然是 6 世紀下半葉才成形，但其對契丹民族的早期記錄卻可上溯至 4 世紀中葉，儘管無法準確判定名為契丹的族群開始活動的具體歷史時段，但從北魏時期的游牧群體，到北齊時期的八部聯盟，再到唐代的松漠都督府，契丹民族不斷發展壯大，這些時期不僅是契丹民族歷史中的重要部分，同時也都是契丹人的精神內涵在不斷加強與代代傳承過程中所不可或缺的環節。

有文獻記載以來，體現在史料與考古材料中的任何一種觀念，都可以說並不是孤立的。在這其中，距離我們較為遙遠的中古及以上時期所展現出來的方方面面尤其令人著迷，每一個時代都背負著更久遠的歷史的烙印，這是一個人所共知且無可置疑的事實。20 世紀 80 年代以來，研究「集體記憶」的學者們關注到：人們能夠借由文物或圖像（傳遞介質中的一部分）這種方式來傳遞集體記憶。〔註30〕對於個人來講，將經驗圖像化，是一種十分常用且便攜的儲存方式——或許是陳國公主胸前安放的胡人馴獅琥珀佩飾，或許是駙馬腰間佩戴的琥珀柄銀刀，它們都具有象徵個人私密回憶的功能，都可以成為「信物」。同樣地，社會也常以文物或圖像來強化屬於時代和民族的歷史經驗和意象，而審美正是這種在層疊的歷史中不斷被堆砌、被修正、被強化的集體記憶的「信物」。

視覺資源所具有的承載能力非常強大，它們沉默地記錄，同時也在展示蘊含在它們背後更深處的歷史記憶，這種表達具象並且堅定，無法被輕易篡改。正如陳國公主墓中出土的大量琥珀，它們釋放出了一個微妙的信號，即契丹人在墓葬中對琥珀的使用，包括如上文所述的，琥珀材質與墓主人身體發生的一系列關係等問題，都指向了琥珀這一材質儘管是作為飾物出現在遼代契丹人的墓葬中的，但若探究他們頭腦中的觀念，琥珀則不僅僅是作為飾物而單純存在的。這些見證了時空變幻的精緻器物，在凝固的墓葬空間中靜靜地陪伴公主與駙馬沉睡了近千年後又重現天日，再次沉默地講述它們所承載的歷史。

〔註30〕 王明珂：《華夏邊緣：歷史記憶與族群認同》，上海：上海人民出版社，2020年，第 119～120 頁。

結語　歷史與文化交流視域中的「琥珀」

　　全書通過對中國古代歷史文獻中與琥珀相關的種種記載的考察，對遼代及其前代的考古遺跡中出土的琥珀製品進行了總結與分析。其中，陳國公主墓作為遼代中期偏早的典型契丹上層大貴族墓葬，其中出土琥珀製品的數量和質量在遼代歷史中可謂獨此一份。陳國公主墓出土的琥珀製品無論是題材，抑或是功能，都十分豐富，而其中所涉及到的遼代的種種工藝手段和喪葬習俗，更是呈現出契丹人對琥珀材質的審美傾向。琥珀材質的飾物在陳國公主墓中的大量發現，與公主和駙馬的身份地位，以及聖宗時期遼代的歷史文化背景，又及其時與草原絲綢之路直接相關的多民族交往和文化互動交流，均有著不可分割的深切聯係。

　　絲綢之路自古即是中國與世界相鏈接的重要通道，它既是一條存在於時空中的現實貿易線路，同時也是一卷將各民族、國家的思想、文化與藝術廣泛交匯融合的歷史長卷。草原絲綢之路是絲路的重要組成部分，具體是指歐亞大陸北部草原上的重要商貿線路，連通了中亞、西亞與東北亞。〔註1〕地理上的草原絲綢之路最早於匈奴時期就已經被開拓，並且是北方草原游牧民族的一條重要交通要道。遼代建國之前，雖然草原絲綢之路上的各個國家也有持續不斷的交通往來，但由於北方地區經濟的相對落後，發展的程度始終受到限制，及至遼代，情況則開始發生根本性的轉變。契丹早在建國之前就開始了冶銅鑄

〔註1〕徐蘋芳：《考古學上所見中國境內的絲綢之路》，《絲綢之路考古論集》，上海：上海古籍出版社，2017年，第8～95頁。

幣，建國後，倚仗其遼闊的政治版圖和繁盛的畜牧業，逐漸發展起農業、手工業和城鄉商業等，一方面憑藉著高度發展的經濟成果，另一方面又積極奉行開放的對外政策，種種做法使遼王朝在草原絲路各維度的交流與建設中大放異彩。〔註2〕

在遼存世的二百餘年中，其在東西方的軍事、政治、經濟、文化交流等各方面都作出了重要的貢獻，此後金元時期草原絲綢之路的暢通和鼎盛，都得益於遼朝對其進行的大力開拓。與此同時，草原絲路也在遼的發展進程中扮演了十分重要的角色，〔註3〕遼代出土的各種玻璃器、金銀器、佛像、景教墓碑等文物，其造型與紋飾都顯而易見地吸收了西方大食、波斯、東羅馬等地的文化因素，印證了東西方文明的交流與商貿的往來。由於遼在其存續期間對草原絲綢之路作出的重要貢獻，「契丹」（Kitaia，Cathaia，Kitay，Katay，Kitai，Qitay等）逐漸變成了一個風行於世界的名稱，以至於直到今天，其仍是世界上不少國家和地區，如俄羅斯、希臘、突厥斯坦等各國，對中國的稱呼。〔註4〕

琥珀作為草原絲綢之路上的一種貿易品，在遼代墓葬中被發現，佐證了當時東西方的交往和溝通，其中所蘊藏的不僅有宏觀上契丹人對其身份、地位、民族以及宗教信仰和審美方面的認識，也在細節上展現出契丹人在日常生活與喪葬活動中，對琥珀製品的實用性與裝飾性的平衡和轉換。其中一部分由多種材質組合製成的琥珀製品，更是將契丹貴族在使用琥珀材料時動態的審美方式展現得淋漓盡致。與此同時，琥珀中所蘊藏的，複雜多元的工藝、技術和文化觀念，及其相互之間的融合與促進，也使更深層次的、動態的歷史與文化變遷露人眼目。

目前學者們能夠看到的文獻和材料太少，而歷史又過於厚重，想要以有限的漢文文獻去探尋契丹民族更深層次的歷史文化與審美取向，終究難以解開所有謎團。正如文中探討的遼代出土琥珀，在討論這些材料的同時，不僅僅是遼代和遼以前出現的琥珀材料，還有民族之間的互動，歷史地理的遷移，乃至時代的變革等等，都有必要逐步被納入考量的範圍。契丹人使用琥珀材料的習

〔註2〕周錦章、田廣林：《草原絲路與契丹貨幣經濟》，《〈內蒙古金融研究〉錢幣文集》2003 年第 4 輯，第 39～43 頁（或第 38 頁）。

〔註3〕蘇赫、田廣林：《草原絲綢之路與遼代中西交通》，《昭烏達蒙族師專學報（哲學社會科學版）》1989 年第 4 期，第 1～10 頁。

〔註4〕孫立梅：《10～13 世紀的草原絲綢之路與歐洲人的契丹印象》，《白城師範學院學報》2013 年第 1 期，第 81～87 頁。

慣必不可能是突兀出現的，上至唐代王氏家族對於琥珀的推崇，下到陳國公主墓中出土的大批量精美琥珀製品，遼代的現實生活經過層層篩選映射進墓葬，飽經歷史與時光的風雨和變遷，最終才能憑藉琥珀這種產品和形式向世人展現出往事的一點碎片，這些碎片經過小心審慎地拼湊，無一不透露出遼代契丹人對琥珀的審美是一種早已深入骨血的民族傳統這一事實。

　　想要瞭解這其中的奧秘，不得不繼續向上追溯，甚至需要考慮到契丹民族最初的構成和來源等複雜問題。這不僅僅涉及到契丹人對民族文化的強烈自我認同，更是與他們的集體記憶與民族變遷相羈絆。這是一個範圍十分廣大的議題，有待進行更加深入地鑽研和挖掘。筆者認為，在遼代契丹人的心目中，琥珀這種材料，和他們對於琥珀的審美記憶，二者的來源在最初應當是具有一定同一性的。即使歷史中契丹人對琥珀的審美觀念的真正來源目前仍難有肯定的結論，但在他們的喪葬和日常生活中，琥珀製品的使用方式、功能及其內涵的特殊性卻是毋庸置疑的。

參考文獻

一、**古籍**（依朝代及作者姓氏音序排列）

1. 〔西漢〕陸賈，莊大鈞校點：《新語》，瀋陽：遼寧教育出版社，1998 年。
2. 〔東漢〕班固：《漢書》，北京：中華書局，1962 年。
3. 〔東漢〕劉熙：《釋名》，北京：商務印書館，1939 年。
4. 〔東漢〕王充：《論衡》，北京：藍天出版社，1999 年。
5. 〔東漢〕王符，劉殿爵、陳方正編：《潛夫論逐字索引》，香港：商務印書館（香港有限公司，1995 年。
6. 〔西晉〕陳壽：《三國志》，北京：中華書局，2011 年。
7. 〔西晉〕崔豹：《古今注》，北京：中華書局，1985 年。
8. 〔西晉〕張華，王根林校點：《博物志（外七種）》，上海：上海古籍出版社，2012 年。
9. 〔東晉〕葛洪：《西京雜記》，北京：中華書局，1985 年。
10. 〔東晉〕王嘉，〔南朝梁〕蕭綺錄，齊治平校注編：《拾遺記校注》，北京：中華書局，1981 年。
11. 〔南朝〕沈約：《宋書》，北京：中華書局，1974 年。
12. 〔南朝梁〕陶弘景，陳芳、楊衛平編：《名醫別錄彩色藥圖》，貴陽：貴州科技出版社，2017 年。
13. 〔南朝梁〕蕭繹，許逸民校箋編：《金樓子校箋》，北京：中華書局，2011 年。
14. 〔唐〕段成式：《酉陽雜俎》，北京：中華書局，1981 年。

15. 〔唐〕李延壽：《北史》，北京：中華書局，1974 年。

16. 〔唐〕馬總：《意林》，北京：中華書局，1991 年。

17. 〔唐〕張鷟、范攄，恒鶴、陽羨生校點：《朝野僉載雲溪友議》，上海：上海古籍出版社，2012 年。

18. 〔後晉〕劉昫等：《舊唐書》，北京：中華書局，1975 年。

19. 〔後漢〕郭憲：《漢武帝別國洞冥記及其他二種》，北京：中華書局，1991 年。

20. 〔前蜀〕李珣，尚志鈞輯校：《海藥本草》，北京：人民衛生出版社，1997 年。

21. 〔北宋〕郭茂倩，聶世美、倉陽卿校點：《樂府詩集》，上海：上海古籍出版社，2016 年。

22. 〔北宋〕李昉等：《太平御覽》，北京：中華書局，1960 年。

23. 〔北宋〕李昉等：《太平廣記》，北京：中華書局，1961 年。

24. 〔北宋〕歐陽修：《新五代史》，北京：中華書局，1974 年。

25. 〔北宋〕歐陽修、宋祁：《新唐書》，北京：中華書局，1975 年。

26. 〔南宋〕葉隆禮：《契丹國志》，北京：中華書局，2014 年。

27. 〔元〕脫脫等：《遼史》，北京：中華書局，2016 年。

28. 〔清〕王念孫：《廣雅疏證》，上海：上海古籍出版社，2018 年。

29. 黃勇主編：《唐詩宋詞全集》，北京：北京燕山出版社，2007 年。

30. 向南編：《遼代石刻文編》，石家莊：河北教育出版社，1995 年。

31. 趙永春輯注：《奉使遼金行程錄》，北京：商務印書館，2017 年。

二、考古報告（依作者姓氏音序排列）

1. 安志敏：《河北省唐山市賈各莊發掘報告》，《考古學報》1953 年總第 6 期。

2. 朝陽地區博物館：《遼寧朝陽姑營子遼耿氏墓發掘報告》，《考古學集刊》1984 年第 3 期。

3. 德新、張漢君、韓仁信：《內蒙古巴林右旗慶州白塔發現遼代佛教文物》，《文物》1994 年第 12 期。

4. 定縣博物館：《河北定縣 43 號漢墓發掘簡報》，《文物》1973 年第 11 期。

5. 董高、張洪波：《遼寧朝陽北塔天宮地宮清理簡報》，《文物》1992 年第 7 期。

6. 董新林、塔拉：《內蒙古扎魯特旗浩特花遼代壁畫墓》，《考古》2003 年第 1 期。

7. 董新林、汪盈：《內蒙古巴林左旗遼祖陵一號陪葬墓》，《考古》2016 年第 10 期。

8. 馮永謙：《遼寧省建平、新民的三座遼墓》，《考古》1960 年第 2 期。

9. 廣州市文物管理委員會、廣州市博物館：《廣州漢墓》，北京：文物出版社，1981 年。

10. 韓國祥：《朝陽西上臺遼墓》，《文物》2000 年第 7 期。

11. 郝思德、李硯鐵、劉曉東：《黑龍江阿城巨源金代齊國王墓發掘簡報》，《文物》1989 年第 10 期。

12. 何賢武、張星德：《遼寧法庫縣葉茂臺 8、9 號遼墓》，《考古》1996 年第 6 期。

13. 何志國：《四川綿陽何家山 2 號東漢崖墓清理簡報》，《文物》1991 年第 3 期。

14. 吉成章：《豪欠營第六號遼墓若干問題的研究》，《文物》1983 年第 9 期。

15. 李逸友：《昭烏達盟寧城縣小劉仗子遼幕發掘簡報》，《文物》1961 年第 9 期。

16. 李毓芳：《陝西咸陽馬泉西漢墓》，《考古》1979 年第 2 期。

17. 遼寧省博物館、遼寧鐵嶺地區文物組發掘小組：《法庫葉茂臺遼墓記略》，《文物》1975 年第 12 期。

18. 遼寧省博物館文物隊：《遼寧北票水泉一號遼墓發掘簡報》，《文物》1977 年第 12 期。

19. 劉冰、馬鳳磊、趙國棟：《赤峰阿旗罕蘇木蘇木遼墓清理簡報》，《內蒙古文物考古》1998 年第 1 期。

20. 劉俊喜、侯曉剛、江偉偉、蘭靜、馬雁飛：《山西大同東風裏遼代壁畫墓發掘簡報》，《文物》2013 年第 10 期。

21. 劉興：《江蘇丹陽東漢墓》，《考古》1978 年第 3 期。

22. 魯寶林、辛發、吳鵬：《北鎮遼耶律宗教墓》，孫進己、馮永謙、蘇天鈞主編：《中國考古集成東北卷遼（三）》，北京：北京出版社，1997 年。

23. 陸思賢、杜乘武：《察右前旗豪欠營第六號遼墓清理簡報》，《文物》1983 年第 9 期。

24. 內蒙古文物考古研究所、遼中京博物館:《寧城縣埋王溝遼代墓地發掘簡報》,魏堅主編:《內蒙古文物考古文集（第 2 輯)》,北京:中國大百科全書出版社,1997 年。

25. 內蒙古自治區文物考古研究所、哲里木盟博物館編:《遼陳國公主墓》,北京:文物出版社,1993 年。

26. 齊小光、王建國、從豔雙:《遼耶律羽之墓發掘簡報》,《文物》1996 年第 1 期。

27. 四川省文物考古研究所編:《三星堆祭祀坑》,北京:文物出版社,1999 年。

28. 山東大學考古系:《山東長清縣仙人臺周代墓地》,《考古》1998 年第 9 期。

29. 陝西省博物館（文管會)革委會寫作小組:《西安南郊何家村發現唐代窖藏文物》,《文物》1972 年第 1 期。

30. 塔拉、張亞強:《內蒙古通遼市吐爾基山遼代墓葬》,《考古》2004 年第 7 期。

31. 天津市歷史博物館考古隊、薊縣文物保管所:《天津薊縣獨樂寺塔》,《考古學報》1989 年第 1 期。

32. 王健群、陳相偉:《庫倫遼代壁畫墓》,北京:文物出版社,1989 年。

33. 王克林:《北齊庫狄迴洛墓》,《考古學報》1979 年第 3 期。

34. 王兆祺:《四川涼山西昌發現東漢、蜀漢墓》,《考古》1990 年第 5 期。

35. 武亞芹、王瑞青:《內蒙古科左中旗小努日木遼墓》,《北方文物》2000 年第 3 期。

36. 向桃初:《湖南大庸東漢磚室墓》,《考古》1994 年第 12 期。

37. 吳振錄:《保德縣新發現的殷代青銅器》,《文物》1972 年第 4 期。

38. 項春松:《克什克騰旗二八地一、二號遼墓》,《內蒙古文物考古》1984 年總第 3 期。

39. 項春松:《內蒙古解放營子遼墓發掘簡報》,《考古》1979 年第 4 期。

40. 嚴輝、楊海欽:《伊川鴉嶺唐齊國太夫人墓》,《文物》1995 年第 11 期。

41. 易家勝、阮國林:《南京幕府山東晉墓》,《文物》1990 年第 8 期。

42. 印志華:《江蘇邗江縣姚莊 102 號漢墓》,《考古》2000 年第 4 期。

43. 雲南省文物工作隊:《雲南昭通桂家院子東漢墓發掘》,《考古》1962 年第 8 期。

44. 張漢君:《遼慶州釋迦佛舍利塔營造歷史及其建築構製》,《文物》1994 年第 12 期。

45. 趙振生：《阜新縣紅帽子鄉遼塔地宮清理記》，孫進己、馮永謙、蘇天鈞主編：《中國考古集成東北卷遼（一）》，北京：北京出版社，1997 年。

46. 鄭紹宗：《赤峰縣大營子遼墓發掘報告》，《考古學報》1956 年第 3 期。

47. 中國科學院考古研究所滿城發掘隊：《滿城漢墓發掘紀要》，《考古》1972 年第 1 期。

48. 中國社會科學院考古研究所、河北省文物管理處編：《滿城漢墓發掘報告》，北京：文物出版社，1980 年。

49. 朱蘭霞：《南京北郊東晉墓發掘簡報》，《考古》1983 年第 4 期。

50. 朱全升、湯池：《河北磁縣東魏茹茹公主墓發掘簡報》，《文物》1984 年第 4 期。

三、研究論著（依作者姓氏音序排列）

1. 〔日〕愛宕松男，邢復禮譯：《契丹古代史研究》，呼和浩特：內蒙古人民出版社，2014 年。

2. 陳振裕、蔣迎春、胡德生編，金維諾總主編：《中國美術全集漆器家具》，合肥：黃山書社，2010 年。

3. 赤峰學院紅山文化國際研究中心：《紅山文化研究——2004 年紅山文化國際學術研討會論文集》，北京：文物出版社，2006 年。

4. 馮繼欽、孟古托力、黃鳳岐：《契丹族文化史》，哈爾濱：黑龍江人民出版社，1994 年。

5. 郭大順：《郭大順考古文集上》，瀋陽：遼寧人民出版社，2017 年。

6. 黃時鑒：《東西交流史論稿》，上海：上海古籍出版社，1998 年。

7. 李清泉：《宣化遼墓墓葬藝術與遼代社會》，北京：文物出版社，2008 年。

8. 李錫厚、白濱，白鋼主編：《中國政治制度通史第七卷遼金西夏》，北京：社會科學文獻出版社，2011 年。

9. 劉未：《遼代墓葬的考古學研究》，北京：科學出版社，2016 年。

10. 劉小萌、定宜莊：《薩滿教與東北民族》，長春：吉林教育出版社，1990 年。

11. 彭善國：《遼代陶瓷的考古學研究》，長春：吉林大學出版社，2003 年。

12. 〔日〕杉山正明，黃美蓉譯：《游牧民的世界史》，新北：廣場出版社，2013 年。

13. 沈從文：《沈從文全集》，太原：北嶽文藝出版社，2002 年。

14. 孫守道：《孫守道考古文集》，瀋陽：遼寧人民出版社，2017 年。

15. 唐彩蘭編：《遼上京文物擷英》，呼和浩特：遠方出版社，2005 年。

16. 王春燕：《遼代金銀器研究》，北京：科學出版社，2020 年。

17. 王明珂：《華夏邊緣：歷史記憶與族群認同》，上海：上海人民出版社，2020 年。

18. 王世仁：《王世仁中國建築史論選集》，瀋陽：遼寧美術出版社，2013 年。

19. 〔美〕巫鴻，錢文逸譯：《「空間」的美術史》，上海：上海人民出版社，2017 年。

20. 〔美〕巫鴻，鄭岩譯：《禮儀中的美術：巫鴻中國古代美術史文編》，北京：生活·讀書·新知三聯書店，2005 年。

21. 許曉東：《遼代玉器研究》，北京：紫禁城出版社，2003 年。

22. 許曉東：《中國古代琥珀藝術》，北京：故宮出版社，2011 年。

23. 徐蘋芳：《絲綢之路考古論集》，上海：上海古籍出版社，2017 年。

24. 徐琳：《古玉的雕工》，北京：文物出版社，2012 年。

25. 於寶東：《遼金元玉器研究》，呼和浩特：內蒙古大學出版社，2007 年。

26. 張景明：《遼代金銀器研究》，北京：文物出版社，2011 年。

27. 張鵬：《遼墓壁畫研究》，天津：天津人民美術出版社，2008 年。

28. 張鵬：《遼金皇家藝術工程研究》，杭州：浙江大學出版社，2019 年。

29. 張鵬、董新林主編：《中國墓室壁畫全集宋遼金元》，石家莊：河北教育出版社，2011 年。

30. 鄭師渠編：《中國文化通史遼西夏金元卷》，北京：北京師範大學出版社，2009 年。

31. 朱天舒：《遼代金銀器》，北京：文物出版社，1998 年。

32. 中國大百科全書總編輯委員會編：《中國大百科全書考古學》，北京、上海：中國大百科全書出版社，1986 年。

四、研究論文（依作者姓氏音序排列）

1. 陳永志：《黃金面具、銅絲網絡與祖州石室》，《中國歷史文物》2002 年第 3 期。

2. 陳夏生：《溯古話今談寶石——琥珀》，《故宮文物月刊》，1990 年總第 92 期。

3. 陳曉偉：《奚王蕭福延墓誌三題》，《宋史研究論叢（第 11 輯）》，保定：河北大學出版社，2010 年。

4. 鄧莉麗、陳錫玲：《遼代陳國公主墓出土佩飾中的「盛香器」研究》，《美術學報》2020 年第 6 期。

5. 都惜青：《遼代契丹人飾品述論》，《遼寧省博物館館刊》2007 年第 2 期。

6. 董新林：《遼代墓葬形制與分期略論》，《考古》2004 年第 8 期。

7. 馮恩學：《蹀躞帶——契丹文化中的突厥因素》，《文物季刊》1998 年第 1 期。

8. 馮恩學：《試論薩滿教宇宙觀對解讀考古現象的重要性》，《貴州社會科學》2012 年第 6 期。

9. 高福順：《遼朝在中國古史譜系中的歷史定位》，《中國邊疆史地研究》2019 年第 2 期。

10. 高福順：《尊孔崇儒華夷同風——遼朝文教政策的確立及其特點》，《學習與探索》2008 年第 5 期。

11. 賈璽增：《遼代金冠》，《紫禁城》2011 年第 11 期。

12. 敬德、鄒芙都：《巫師群體在中國養蠶絲織技術起源中的作用探討》，《文化遺產》2020 年第 1 期。

13. 金毓黻：《遼國駙馬贈衛國王墓誌銘考證》，《考古學報》1956 年第 3 期。

14. 康晨：《草原絲綢之路貿易探究》，《廣西質量監督導報》2020 年第 1 期。

15. 康建國：《淳欽皇后回鶻後裔辯證》，《宋史研究論叢（第 11 輯）》，保定：河北大學出版社，2010 年。

16. 黎國韜：《〈老胡文康樂〉的東傳與改編》，《西域研究》2012 年第 1 期。

17. 盧兆蔭：《論玉文化在漢代的延續和發展》，《中國歷史文物》2004 年第 3 期。

18. 盧兆蔭：《試論兩漢的玉衣》，《考古》1981 年第 1 期。

19. 牟永抗、吳汝祚：《水稻、蠶絲和玉器——中華文明起源的若干問題》，《考古》1993 年第 6 期。

20. 李紅軍：《遼瓷的造型、裝飾藝術及其美學特徵》，《遼海文物學刊》1995 年第 1 期。

21. 李文信：《遼瓷簡述》，《文物參考資料》1958 年第 2 期。

22. 李文信：《義縣清河門遼墓發掘報告》，《考古學報》1954 年第 2 期。

23. 李文智、張松柏：《慶州白塔與遼代佛教藝術》，《前沿》1994 年第 5 期。

24. 李逸友：《遼代帶式考實——從遼陳國公主駙馬合葬墓出土的腰帶談起》，《文物》1987 年第 11 期。

25. 李逸友：《遼代契丹人墓葬制度概說》，內蒙古文物考古研究所編：《內蒙古東部區考古學文化研究文集》，北京：海洋出版社，1991 年。

26. 李宇峰：《遼寧法庫葉茂臺七號遼墓的年代及墓主身份》，《遼金歷史與考古（第 10 輯）》，北京：科學出版社，2019 年。

27. 李宇明：《遼聖宗朝皇太弟耶律隆慶及其諸子為官仕宦述評》，《赤峰學院學報（漢文哲學社會科學版）》2016 年第 5 期。

28. 林蘭英：《試析周代的葬玉對漢代玉衣的影響》，《東南文化》1998 年第 2 期。

29. 梁淑琴：《略論遼代龍紋飾》，遼寧省博物館編：《遼寧省博物館學術論文集（1999～2008）》，瀋陽：遼海出版社，2009 年。

30. 羅繼祖：《〈遼國駙馬贈衛國王墓誌銘考證〉商榷》，《吉林大學社會科學學報》1963 年第 1 期。

31. 林移剛：《獅子入華考》，《民俗研究》2014 年第 1 期。

32. 劉俊玉：《淺談遼代鎮墓獸造型藝術——彰武遼代鎮墓獸研究》，《地域性遼金史研究（第 1 輯）》，北京：中國社會科學出版社，2014 年。

33. 劉嵬：《契丹—遼草原絲綢之路上的音樂文化交流——以樂舞圖像為例》，《音樂生活》2020 年第 4 期。

34. 馬文寬：《遼墓遼塔出土的伊斯蘭玻璃——兼談遼與伊斯蘭世界的關係》，《考古》1994 年第 8 期。

35. 彭善國：《遼代契丹貴族喪葬習俗的考古學觀察》，《邊疆考古研究（第 2 輯）》，北京：科學出版社，2003 年。

36. 秦晨、胡成功：《11 世紀維吾爾文化與中原文化的交流——基於〈福樂智慧〉的分析》，《山西財經大學學報》2019 年第 2 期。

37. 宋德金：《遼代的婚姻與家庭形態》，中國社會科學院科研局編：《宋德金集》，北京：中國社會科學出版社，2008 年。

38. 宋建華：《遼代陶瓷的藝術特色》,《吉林大學社會科學學報》1994 年第 4 期。

39. 宋亞莉：《論〈金樓子〉的占筮實例與蕭繹的周易情結》,《東方論壇》2015 年第 2 期。

40. 蘇赫、田廣林：《草原絲綢之路與遼代中西交通》,《昭烏達蒙族師專學報 （哲學社會科學版）》1989 年第 4 期。

41. 蘇芳淑：《契丹玉和琥珀雕飾初論》, 上海博物館編：《中國隋唐至清代玉 器學術研討會論文集》, 上海：上海古籍出版社, 2002 年。

42. 孫機：《一枚遼代刺鵝錐》,《文物》1987 年第 11 期。

43. 孫立梅：《10～13 世紀的草原絲綢之路與歐洲人的契丹印象》,《白城師範 學院學報》2013 年第 1 期。

44. 湯清琦：《論中國薩滿教文化帶——從東北至西南邊地的薩滿教》,《宗教 學研究》1993 年總第 2 期。

45. 唐彩蘭：《從遼上京發現的馴獅雕像等文物看遼代中西關係》,《華西語文 學刊》2013 年第 1 期。

46. 田廣林：《契丹衣飾研究》, 孫進己、馮永謙、蘇天鈞主編：《中國考古集 成東北卷遼（一）》, 北京：北京出版社, 1995 年。

47. 田廣林：《契丹衣飾禮俗概觀》,《昭烏達蒙族師專學報（漢文哲學社會科 學版）》1997 年第 2 期。

48. 田廣林：《契丹體衣、手衣、足衣研究——契丹衣飾文化研究之三》,《昭 烏達蒙族師專學報（漢文哲學社會科學版）》1997 年第 4 期。

49. 田廣林：《契丹佩飾考述——契丹衣飾文化研究之四》,《昭烏達蒙族師專 學報（漢文哲學社會科學版）》1998 年第 2 期。

50. 王春燕、馮恩學：《遼代金銀器中的西域胡文化因素》,《北方民族考古（第 3 輯）》北京：科學出版社, 2016 年。

51. 王克芬：《話說〈獅舞〉》,《文史知識》1991 年第 3 期。

52. 王秋華：《遼代墓葬分區與分期的初探》,《遼寧大學學報（哲社版）》1982 年第 3 期。

53. 王麗梅：《唐代金銀器禽鳥圖像研究》,《中華文化論壇》2016 年第 12 期。

54. 魏志江：《論遼帝國對漠北蒙古的經略及其對草原絲綢之路的影響》,《社 會科學輯刊》2017 年第 3 期。

55. 武玉環：《論契丹民族華夷同風的社會觀》，《史學集刊》1998 年第 1 期。

56. 徐秉琨：《契丹冠式和北方民族的金冠傳統》，《遼寧省考古、博物館學會成立大會會刊》，瀋陽，1981 年。

57. 〔日〕小谷仲男、續華：《死者口中含幣習俗──漢唐墓葬所反映的西方因素》，《敦煌學輯刊》1990 年第 1 輯。

58. 許曉東：《遼代琥珀來源的探討》，《北方文物》2007 年第 3 期。

59. 許曉東：《遼代的琥珀工藝》，《北方文物》2003 年第 4 期。

60. 楊富學、陳愛峰：《遼朝與大食帝國關係考論》，《河北大學學報（哲學社會科學版）》2007 年第 5 期。

61. 楊瑾：《胡人與獅子：圖像功能與意義再探討》，《石河子大學學報（哲學社會科學版）》2016 年第 1 期。

62. 楊晶：《遼墓初探》，《北方文物》1985 年第 4 期。

63. 尤李：《道教與遼朝政權合法性的構建》，《中國史研究》2020 年第 1 期。

64. 袁海波：《契丹族的裝飾習俗初探》，孫進己、馮永謙、蘇天鈞主編：《中國考古集成東北卷遼（一）》，北京：北京出版社，1995 年。

65. 趙評春、遲本毅：《金代服飾金齊國王墓出土服飾研究》，北京：文物出版社，1998 年。

66. 張柏忠：《陳國公主與駙馬蕭紹矩的家世》，《內蒙古文物考古》1992 年第 1～2 期。

67. 張國慶：《遼代沈北地區契丹人物質文化的多元性特徵──以遼墓考古資料為中心》，《遼金歷史與考古（第 5 輯）》，瀋陽：遼寧教育出版社，2014 年。

68. 張國慶：《遼代契丹人的冠帽、鞋靴與佩飾考述》，《內蒙古社會科學（文史哲版）》1994 年第 4 期。

69. 張國慶：《遼朝工匠及其管理初探──以石刻文字為中心》，《史學集刊》2019 年第 4 期。

70. 張松柏：《敖漢旗李家營子金銀器與唐代營州西域移民》，《北方文物》1993 年第 1 期。

71. 張松柏：《西域馴獸對遼代的影響及其在遼境的傳播》，《內蒙古文物考古》1994 年第 1 期。

72. 張永攀：《獅子入華淺談》，《華夏文化》2001 年第 1 期。

73. 張平一、李廷儉：《對「遼國駙馬贈衛國王墓誌銘考證」一文的幾點商榷》，《文物參考資料》1957 年第 6 期。

74. 張倩：《遼代陳國公主、駙馬合葬墓出土的首飾及其文化內涵》，《呼倫貝爾學院學報》2014 年 6 月。

75. 張帆：《試談遼代墓葬的研究和對契丹文化的再認識》，《內蒙古文物考古》2009 年第 1 期。

76. 周錦章、田廣林：《草原絲路與契丹貨幣經濟》，《〈內蒙古金融研究〉錢幣研究》2003 年第 4 輯。

77. 周曉晶：《獨運匠心的遼代玉器》，《遼寧省遼金契丹女真史學會會議論文集》，瀋陽：遼寧教育出版社，2012 年。

五、外文文獻（依語種及作者姓氏首字母排列）

（一）英文文獻

1. Duturaeva , Dilnoza. "Qarakhanid Roads to China: A History of Sino-Turkic Relations" , Leiden : Koninklijke Brill NV , 2022.

2. Grimaldi , David A. "Amber : Window to the Past" , New York : Harry N. Abrams, Inc., Publishers , inassociation with The American Museum of Natual History , 1996.

3. Hansen , V. "International Gifting and the Kitan World, 907~1125" , *Journal of Song-Yuan Studies* , 2013 , vol.43.

4. Laufer , Berthold. "Historical Jottings on Amber in Asia" , *Memoirs of the American Anthropological Association* , vol.1 , New York : Kraus Reprint Company. 1964.

5. So , Jenny F. "Scented Trails: Amber as Aromatic in Medieval China" , *Journal of the Royal Asiatic Society* , 2013 , 23 (1).

（二）法文文獻

1. Kervyn , L. 《Le Tombeau de L'empereur Tao-Tsong(1101)》. Le Bulletin Catholique de Pékin , 1923 , vol.118.

2. Kervyn , L. 《Le Tombeau de L'empereur Tao-Tsong des leao, et les Premières Inscriptions Connues en Écriture K'itan 》, T'oung Pao , 1923 , vol.22.

3. Mullie , Joseph L. 《Les Anciennes Villes de L'empire des Grands Leao au

Royaume Mongol de Bārin》, T'oung Pao , 1922 , vol.211.

4. Mullie , Joseph L. 《Les Sepultures de K'ing des leao》, T'oung Pao , 1933 , vol.30.

（三）日文文獻

1. 鳥居龍藏：《遼代の壁畫について》，收入鳥居龍藏、鳥居きみ子：《滿蒙を再び探る》，東京：六文館，1932 年。

2. 鳥居龍藏：《考古學上より見たる遼之文化圖譜》3～4 冊，東京：東方文化學院東京研究所，1936 年。

3. 田村実造：《慶陵の壁畫——絵畫・彫飾・陶磁》，京都：同朋舍，1977 年。

附錄一　陳國公主墓出土琥珀情況詳表

名　稱	數　　量	位　置	材質組合	題　材	類　型	尺寸（cm）
荷葉雙雁紋琥珀佩飾 Y94	1件	屍床上東部	琥珀	荷葉雙雁紋（雙側穿孔）	佩件	7.3*4.7*2.1
琥珀珍珠耳墜 Y95	1副，42件。金耳飾 2，琥珀飾件 8，珍珠 32（12大20小）	屍床上東部	琥珀、金（金鈎、細金絲）、珍珠	龍魚形船	佩飾	11*4.8
鴛鴦琥珀佩飾 Y97	1件	屍床上東部	琥珀、金（金鏈、金環、金片、金合頁）	鴛鴦（瓶型、有腹）	佩件	6.0*3.4*4.4
鴻雁琥珀佩飾 Y98	1件	屍床上東部	琥珀、金（金蓋、金鏈）	鴻雁（瓶型、有腹）	佩件	5.3*2.8*4

名稱	數量	出土位置	材質	紋飾	用途	尺寸
交頸鴛鴦琥珀佩飾 Y101	1件	屍床東部	琥珀	交頸鴛鴦(頭部1孔)	佩件	2.6*1.5*1.6
琥珀串珠 Y102	1組，160顆	屍床上東部（散置與公主頭部，銀枕周圍）	琥珀	/	佩飾	直徑 0.9～1.2
琥珀瓔珞 Y104	1組，69件。琥珀飾件9，琥珀珠 60	公主胸、腹部(出土時略有散亂)	琥珀、銀（細銀絲）	行龍、蟠龍、行龍戲珠、雞心形、圓柱狀	佩飾	周長 113，銀絲直徑 0.1，珠子直徑 0.8～1.9
琥珀珍珠頭飾 Y110	1組，166件。琥珀飾件2，金片42，珍珠122（現存）	公主頭部左右兩側	琥珀、金（細金絲、片）、珍珠	龍（雲紋）	佩飾	5.1*3.5*1.1～1.5
琥珀珍珠項鍊 Y111	1組，704件，琥珀飾件1，琥珀珠3，珍珠700（現存）	戴於公主項下	琥珀、金（金絲）	素面	佩飾	7.8*3.6*5.6，琥珀珠直徑 0.8～2.3，珍珠直徑 0.3
琥珀瓔珞 X112	1組，73件，琥珀飾件9，琥珀珠64	駙馬胸、腹部(出土時略有散亂)	琥珀、銀（細銀絲）	綬帶4、蟠龍2、獅子、雞心形、圓柱狀	佩飾	周長 107，銀絲直徑 0.1，珠子直徑 0.8～1.4
龍紋琥珀佩飾 X115	1件	駙馬胸部	琥珀	行龍（兩側穿孔）	佩件	6.7*4.7*2.6
琥珀瓔珞 X116	1組，421件，琥珀飾件5，琥珀珠 416	駙馬胸、腹部(出土時略有散亂)	琥珀、銀（細銀絲）	對鳥、雙魚蓮花、行龍、蟠龍、雙龍戲珠	佩飾	周長 173，銀絲直徑 0.1

名稱	件數	出土位置	質地	紋飾	用途	尺寸
胡人馴獅琥珀佩飾 Y117	1件	公主胸部	琥珀	胡人馴獅（兩側穿孔）	佩件	8.4*6*3.4
琥珀瓔珞 Y118	1組，264件，琥珀飾件7，琥珀珠257	公主胸、腹部（出土時略有散亂）	琥珀、銀（細銀絲）	行龍、蟠龍、蓮花、行龍戲珠	佩飾	周長159
琥珀柄鐵刃器 Y124	3件	公主腹部左側	琥珀、銀（口部鑲嵌銀套、細銀絲、銀鏈）、鐵、木（刀鞘）	圓形	武器	重40g，通長12.8
魚形盒琥珀佩飾 Y127	1件	公主腰部右側	琥珀、金（金鏈、金環、金片、金合頁）	雙魚(盒形，可打開，合上)	佩飾	7.8*4.7*3.5
琥珀柄鐵刀 Y128	1件	公主腰部左側	琥珀、金、銀（鑲金銀鞘、刀柄鑲銀套、刀鞘鑲金套、銀鏈）、鐵	八棱形	武器	刀身13.8*1.6，刀柄8.6，通長22.4，刀鞘22.1
魚形玉佩 Y137	1組，9件，玉墜1，琥珀珠2，珍珠3，水晶珠1，綠松石珠1，玉飾1	公主腹部	金絲、玉、琥珀、珍珠、水晶、綠松石	珠	佩件	1.7*1
雙鳳紋握手 Y142	1件	公主左手握	琥珀、金鏈	雙鳳	佩飾	6.7*4.3*2
蠶蛹形琥珀佩飾 Y144	8件	公主右腿上部	琥珀	蠶蛹（嘴部鑽孔）	佩件	4.5*1.9*1.5
蓮花雙鳥紋琥珀握手 X147	1件	駙馬左手握	琥珀、金絲、金鏈	蓮花雙鳥	佩飾	6.4*4*2.3
蟠龍紋琥珀握手 Y150	1件	公主右手握	琥珀、金絲、金鏈	蟠龍（圓雕）	佩飾	6.2*4.8*2.1

名稱	數量	位置	材質	器形／紋飾	用途	尺寸
琥珀柄銀刀 X153	1件	駙馬腰部右側	琥珀、金（鎏金銀鞘）、銀（銀鞘、銀箍、銀鏈、銀帶帶鉤）	圓形	武器	刀身 20.4*1.2，刀柄 10，直徑 1.6～2.4，通長 30.4，刀鞘 32
雙鳥形琥珀佩飾 X155	1件	駙馬左腿上部	琥珀	雙鳥（頭部 1 孔）	佩件	2.6*1.5*1.6
橢圓形琥珀佩飾 X156	2件	駙馬左腿上部	琥珀	素面（兩側打孔）	佩件	4.1*1.8*0.5
雙魚形琥珀佩飾 X157	1件	駙馬左腿上部	琥珀	雙魚（頭部 1 孔）	佩件	5.1*3*1.4
瓶型琥珀佩飾 X158	1件	駙馬左腿上部	琥珀	荷葉形蓋、素面（瓶型、蓋頂 2 斜孔、肩部 2 對稱穿孔）	佩飾	6.2*4.7*2.2，腹深 4
龍紋琥珀握手 X159	1件	駙馬右手握	琥珀、金絲、金鏈	行龍、火焰寶珠	佩飾	6.2*4.5*2
琥珀佩飾 Y161	1組，66 件，琥珀飾件 1，琥珀珠 65	公主左腿	琥珀、銀絲	雙魚蓮花紋	佩飾	／
琥珀佩飾 Y162	1組，66 件，琥珀飾件 1，琥珀珠 65	公主右腿	琥珀、銀絲	雙魚蓮花紋	佩飾	／
琥珀佩飾 X163	1組，66 件，琥珀飾件 1，琥珀珠 65	駙馬左腿（出土時散落於駙馬左腿上周圍）	琥珀、銀絲（推測）	交頸鴛鴦蓮花	佩飾	／

蓮花紋琥珀佩飾 Y173	1件	屍床東部	琥珀	蓮花	佩件	5.3*4.6*2
蓮花紋琥珀佩飾 Y174	2件	屍床上公主枕下	琥珀	蓮花	佩件	/
長條形琥珀佩飾 Y175	1件	屍床上公主枕下	琥珀	無法辨認（兩側並排穿2孔，正面1孔）	佩件	4.6*2*1.3

附錄二 陳國公主墓出土隨葬品情況簡表

序號	名　稱	數　量	出土位置	類　別
1	金面具	2件	死者面部	金器
2	八曲連弧形金盒	1件	公主腰部右側	金器
3	鏨花金荷包	1件	公主腰部左側	金器
4	鏨花金針筒	1件	公主腰部左側	金器
5	鏨花金鐲	2副4件	公主左右手腕	金器
6	鏨花金戒指	17個	公主頭駙馬手指	金器
7	鏤孔小金球	4個	公主胸前	金器
8	小金筒	1件	公主面具下	金器
9	銀絲網絡	2套	屍體表面	銀器

－ 153 －

10	鏨花銀靴	2雙	公主與駙馬足部	銀器
11	鏨花銀枕	2件	公主與駙馬頭部下方	銀器
12	金花銀盒	1件	後室	銀器
13	銀蓋罐	2件	供臺與金花銀盒內	銀器
14	銀盒	3件	金花銀盒內	銀器
15	金花銀絲	1件	後室中部	銀器
16	銀執壺	1件	東耳室	銀器
17	銀盞托	3件	東耳室門口及過道	銀器
18	束腰形銀托盤	1件	後室東部	銀器
19	銀唾盂	1件	後室東部	銀器
20	銀器蓋	3件	後室	銀器
21	銀匙	3件	後室	銀器
22	銀刀	2件	駙馬腰部	銀器
23	玉柄銀錐	1件	駙馬腰部	銀器
24	鎏金銀流蘇	54件	屍床周圍及供臺	銀器
25	銀構件	63件	後室地面	銀器
26	鎏金銀冠	2件	公主與駙馬頭部	銀器
27	帶具	6條	屍身及墓室內	銀器＆玉器
28	鏨花銅盆	1件	後室中部	銅器
29	花口鏨花銅盤	1件	後室東部	銅器
30	銅鏡	1件	後室東部	銅器

31	銅陽燧	1件	公主腰部左側	銅器
32	鎏金銅鎖	2件	前室	銅器
33	鎏金銅鑰匙	2件	前室地面	銅器
34	鎏金銅門鼻	2對	前後室門板上	銅器
35	鎏金銅合頁	8件	前後室門框上	銅器
36	鎏金銅泡釘	25件	合頁與門鼻鼻頁	銅器
37	銅釘	3件	後室	銅器
38	銅綵	2件	西耳室	銅器
39	琥珀柄鐵刀	1件	公主腰部右側	鐵器
40	琥珀柄鐵刃器	3件	公主腰部左側	鐵器
41	綠釉長頸蓋壺	1件	前室門口東側	瓷器
42	茶綠釉雞腿壇	3件	前室和東耳室	瓷器
43	綠釉罐	1件	前室	瓷器
44	蓮花紋白瓷蓋罐	1件	東耳室	瓷器
45	白瓷盆	1件	西耳室	瓷器
46	白瓷盒	2件	後室中部	瓷器
47	花口白瓷碗	9件	東耳室	瓷器
48	青瓷碗	8件	東耳室	瓷器
49	青瓷盤	4件	東耳室	瓷器
50	玻璃瓶	4件	後室中部	玻璃器
51	帶把玻璃杯	2件	後室南壁下	玻璃器

52	乳釘紋玻璃盤	1件	後室東北角屍床下	玻璃器
53	玉硯	2件	後室中部	玉器
54	玉水盂	1件	後室中部	玉器
55	玉佩	44件7組	死者身上	玉器
56	琥珀佩飾	2101件11組	屍床	琥珀器
57	琥珀握手	4件	死者手中	琥珀器
58	瑪瑙飾件	14件3組	屍床	瑪瑙器
59	瑪瑙碗	1件	後室中部	瑪瑙器
60	瑪瑙盂	2件	東耳室	瑪瑙器
61	水晶耳杯	1件	東耳室中部	水晶器
62	繫鏈水晶杯	3件	公主腰部	水晶器
63	水晶串珠	1組152顆	後室西部地面	水晶器
64	木雞冠壺	1件	後室中部	木器
65	木弓	1件	後室東部	木器
66	木弓囊	1件	後室東部	木器
67	木鳴嘀	1件	西耳室	木器
68	木圍棋子	80枚	前耳室	木器
69	木杆	3件	西耳室	木器
70	木俑	2件	後室	木器
71	馬具	2套18副	西耳室	馬具

附錄三　遼代出土琥珀情況簡表

地　點	時　間	墓　主	名　稱	題　材	類　型	文獻來源
朱隊科	初期	契丹上層，老年，完整	佩1	／	佩飾	馮永謙：〈遼寧省建平、新民的三座遼墓〉，《考古》1960.2
葉茂臺 M7	早期	完整，契丹貴族，老年婦女	水晶琥珀項串1、琥珀穿金耳墜2、鎏金鑲琥珀寶塔鸞鳳紋銀捍腰1	獅（項串&瓔珞）	配件、佩飾	遼寧省博物館、遼寧鐵嶺地區文物組發掘小組：〈法庫葉茂臺遼墓記略〉，《文物》1975.12
葉茂臺 M9	早期	契丹低級貴族完整，夫妻合葬	小熊1	熊（穿孔）	佩飾	遼寧大學歷史系考古教研室：〈遼寧法庫縣葉茂臺8、9號遼墓〉，《考古》1996.6
水泉 M1	早期	被盜，契丹貴族，男性？	葉形飾1	葉（無孔）	佩飾	遼寧省博物館文物隊：〈遼寧北票水泉一號遼墓發掘簡報〉，《文物》1977.12

美術史視野中的遼代琥珀研究——以陳國公主墓為中心

名稱	年代	墓葬情況	飾件	形狀	類別	出處
二八地 M1	早期	完整、契丹貴族	飾件若干(其一橢圓形、雕牡丹花)	牡丹	佩飾	項春松:《克什克騰旗二八地一、二號遼墓》,《內蒙古文物考古》1984.3
耶律羽之	942	被盜、男性、東丹國左相	瓔珞1(與水晶、雞心&管狀金飾相間)、串飾1	/	佩飾	內蒙古文物考古研究所、赤峰市博物館、阿魯科爾沁旗文物管理所:《遼耶律羽之墓發掘簡報》,《文物》1996.1
駙馬贈衛國王	959	被盜、一男一女,男裹女外,貴族	珠6	素面(扁圓、透孔、管、球狀)	配件(瓔珞)	前熱河省博物館籌備處:《赤峰縣大營子遼墓發掘報告》,《考古學報》1956.3
JSM1	聖宗前後	貴族(銅絲網絡)	珠2	素面(橢圓形、穿孔)	配件	遼寧省文物考古研究所:《遼寧建平縣兩處遼墓清理簡報》,《北方文物》1991.3
獨樂寺塔	1017前後	/	七層小方塔1、五層小方塔1、雕佛1、狗1、透雕花飾1、扣狀花飾1、葉形飾片1、珠2、塊1、桃形飾片1	塔、佛、狗、花、葉、桃	佩飾、飾件	天津市歷史博物館考古隊、薊縣文物保管所:《天津薊縣獨樂寺塔》,《考古學報》1989.1
陳國公主墓	1018	陳國公主與駙馬合葬,完整	琥珀34件(組/副)	/	/	內蒙古文物考古研究所、哲里木盟博物館:《遼陳國公主墓》,北京:文物出版社,1991
耿氏 M1	1019	耿知新,15歲,完整	人物1	老人	飾件	朝陽地區博物館:《遼寧朝陽姑營子遼耿氏墓發掘報告》,《考古學集刊》,北京:中國社會科學出版社,1985

墓葬	年代	墓葬情況	琥珀製品	題材	功能	出處
耿氏氏 M2	1019	耿延毅節度使，夫妻合葬，被盜	雙鳥1、珍1（男性口中，有孔）、琥珀料2、墜8、珠4、圓形、如意頭形、三角形小伴琥珀飾件若干	雙鳥	佩飾・珍	朝陽地區博物館：《遼寧朝陽姑營子遼耿氏墓發掘報告》，《考古學集刊》，北京：中國社會科學出版社，1985
朝陽北塔天宮	1033	/	盤龍1（天宮，無穿孔）、龜形飾1（材質是琥珀還是水晶存疑？）、珠若干（地宮，裝飾於水晶瓶蓋及嘴上）	盤龍	/	朝陽北塔考古勘探隊：《遼寧朝陽北塔天宮地宮清理簡報》，《文物》1992.7
清河門 M1	1044 前後	被盜	錢1、珠2	錢	配件・佩飾	李文信：《義縣清河門遼墓發掘報告》，《考古學報》1954.8
清河門 M4	1044 前後	女性，被盜，遺失琥珀製品若干	珠3、人物佩1、雙鳥佩1、鳳鳥佩1、蓮座形器1、刀柄1（鐵刀身已不存）、殘件1	人物（胡舞伎）、雙魚、鳳鳥、武器	配件・佩飾	李文信：《義縣清河門遼墓發掘報告》，《考古學報》1954.8
遼祖陵 PM1	早期偏晚，墓主死於重熙21年	多次盜掘，可能為一男一女，女20~25歲，男成年（關係與應天皇后或應天皇太后較親近，耶律李胡？）	琥珀12（應是珠飾）	/	飾件	中國社會科學院考古研究所內蒙古第二工作隊・內蒙古文物考古研究所：《內蒙古巴林左旗遼祖陵一號陪葬墓》，《考古》2016.10
蕭氏家族 M1・M4	中期	貴族・家族墓・僅M4完好	琥珀錢形小佩1、琥珀串珠2（M1）、琥珀刀柄1、蜜蠟腰佩7（M4）	/	/	《遼西省義縣清河門西山村「遼佐移離畢蕭相公」族墓發掘工作報告》1951.9
武官營子石函	1045	塔基址出土	琥珀	/	/	鄭紹宗：《內蒙古寧城縣武官營子發現的遼代石函》，《考古》1964.11

墓名	年代	備註	器物	人物	配件、器物	出處
慶州白塔	1047～1048	/	觀世音菩薩立像 1（柏木像座、額鑲珍珠、內藏紙本雕印經咒 1 卷、蓮蕾舍利瓶 1（內置舍利子若干）、懸琥珀魚夾層銷塔幡 1	人物（觀世音菩薩）、蓮蕾瓶器、魚	/	德新、張漢君、韓仁信：《內蒙古巴林右旗慶州白塔發現遼代佛教文物》，《文物》1994.12
解家燒鍋 3 號墓 XM3	下限為興宗末年	平原公主與駙馬蕭忠合葬，多次被盜	琥珀飾 2、珠 1	/	配件	遼寧省文物考古研究所、阜新市考古隊：《遼寧阜新縣遼代平原公主墓與梯子廟 4 號墓》《考古》2011.8
梯子廟 4 號 TM4	中期	多次被盜	珠 1	/	配件	遼寧省文物考古研究所、阜新市考古隊：《遼寧阜新縣遼代平原公主墓與梯子廟 4 號墓》《考古》2011.8
庫倫 M3	中期	蕭氏，被盜	珠 3（穿孔）	/	配件	王健群、陳相偉：《庫倫遼代壁畫墓》，北京：文物出版社，1989
庫倫 M4	中期	蕭氏，被盜	熊 1、兔 1、豬 1、花葉雕飾 1、雕花飾物 1	熊、兔、豬、花葉	佩飾	王健群、陳相偉：《庫倫遼代壁畫墓》，北京：文物出版社，1989
道北溝村遼墓	中期	未正式發掘，被破壞，土坑豎穴，單人	琥珀珠 1	素面穿孔	配件	李森：《河北承德縣道北溝村遼墓》，《考古》1990.12
應縣佛宮寺釋迦塔	中期	/	琥珀珠 2	/	/	張暢耕：《山西應縣佛宮寺木塔內發現遼代珍貴文物》，《文物》1982.6
韓氏家族墓 M1	中期	贈侍中昌黎公	琥珀 9	素面穿孔	/	內蒙古文物考古研究所、赤峰市博物館、巴林左旗博物館：《白音罕山遼代韓氏家族墓地發掘報告》，《內蒙古文物考古》2002.2

名稱	年代	墓主	珠	近菱形	配件	出處
大平灘	中後期	醫巫閭山乾陵之陪葬墓，被盜	珠3			遼寧省文物考古研究所：《遼寧省北寧市鮑家鄉桃園村大平灘遼墓》，《北方文物》2002.1
解放營子	中期後道宗前	夫妻合葬、契丹貴族、面具、靴鞜	佩飾（主要為串珠，其他有圓形、扁平，器身較大者表面均有雕花）	/	佩飾	項春松：《內蒙古解放營子遼墓發掘簡報》，《考古》1979.4
小王力溝 M1	中晚期	大貴族（貴妃家族），被盜	琥珀（殘）	/	/	內蒙古文物考古研究所、錫林郭勒盟文物保護管理站、多倫縣文物局：《內蒙古多倫縣小王力溝遼代墓葬》，《考古》2016.10
小王力溝 M2	993	貴妃蕭氏	琥珀珠2	素面穿孔	/	內蒙古文物考古研究所、錫林郭勒盟文物保護管理站、多倫縣文物局：《內蒙古多倫縣小王力溝遼代墓葬》，《考古》2016.10
耶律弘禮墓 M2	1096	耶律弘禮、宗室	串飾1	素面珠	佩飾	遼寧省文物考古研究所、錦州市文物考古研究所、北鎮市文物處：《遼寧北鎮市遼代耶律弘禮墓發掘簡報》，《考古》2018.4
埋王溝 M3	1070	蕭公、被盜、M3 一男一女	狗1	狗	佩飾	內蒙古文物博物館：《寧城縣埋王溝遼代墓地發掘簡報》，《內蒙古文物考古》編《內蒙古文物考古文集（二）》，北京：中國大百科全書出版社，1997年。

墓名	時期	說明	琥珀器	形制	功能	出處
小努日木遼墓	中晚期	契丹中等以上貴族，被盜嚴重	琥珀握手1、琥珀蝶形盒1、琥珀珠46、柱狀墜1、雞心墜1	蝴蝶、龍	佩飾	武亞芹、王瑞青：《內蒙古科左中旗小努日木遼墓》，《北方文物》2000.3
東風裏M1	晚期	具有一定等級身份及佛教信仰的漢人	琥珀童子1	童子（穿孔）	佩飾	大同市考古研究所：《山西大同東風裏遼代壁畫墓發掘簡報》，《文物》2013.10
小劉仗子M1	晚期	契丹貴族，面具，王竹節握手	珠5	素面（扁平型）	配件	內蒙古自治區文物工作隊：《昭烏達盟寧城縣小劉仗子遼墓發掘簡報》，《文物》1961.9
巴圖營子	晚期	夫婦合葬，受擾動、老年，契丹上層統治者	荷葉飾1、復葉飾1、筍狀飾2、條狀飾2、球形珠21、橢圓形珠19、扁珠1、單狀飾2、竹節柄形器1	荷葉、復葉、筍、竹節、單飾	配件、佩飾	馮永謙：《遼寧省建平、新民的三座遼墓》，《考古》1960.2
程溝遼墓	晚期	施工中毀壞，契丹中小貴族，女性（銅絲網絡，應為夫妻合葬）	珠9、管狀飾5、丁字形飾1	素面、瓜棱狀、管狀、丁字狀（兩端有鎏金銅片包裝，中間穿孔）	佩飾	阜新市文物工作隊、彰武縣文物管理所、阜新市博物館：《阜新程溝遼墓清理簡報》，《北方文物》1998.2
西上臺	晚期	僧人，被盜	花形飾（殘）1	花	佩飾	韓國祥：《朝陽西上臺遼墓》，《文物》2000.7
/	晚期	規模大、盜掘，一男一女（銅絲網絡）	琥珀5	/	/	鄭隆：《赤峰大窩鋪發現一座遼墓》，《考古》1959.1
萬金山遼墓M1	晚期	M1，被盜，成人，頭骨5個，貴族，耶律琪家族	琥珀飾件1（交頭鴛鴦）	鴛鴦、蓮葉（穿孔）	佩飾	劉冰：《赤峰阿旗罕蘇木蘇木遼墓清理簡報》，《內蒙古文物考古》1998.1

墓葬	時期	情況	琥珀	蓮葉	佩飾	出處
萬金山遼墓 M2	晚期	被盜，成人頭骨2個，小孩頭骨1個，貴族，耶律琪家族	琥珀飾件1（扇形）		佩飾	劉冰：《赤峰阿旗罕蘇木蘇木遼墓清理簡報》，《內蒙古文物考古》1998.1
朝克圖東山遼墓 M4	晚期	貴族，耶律琪家族，被盜，兩人（銅絲網絡）	束腰形琥珀飾件1	/	配件	劉冰：《赤峰阿旗罕蘇木蘇木遼墓清理簡報》，《內蒙古文物考古》1998.1
葉茂臺 M23	晚期	后族？中年女性	琥珀1	素面穿孔	/	遼寧省文物考古研究所、瀋陽市文物考古研究所：《遼寧法庫葉茂臺23號遼墓發掘簡報》，《考古》2010.1
皂力營子 M1	穆宗前後	契丹上層統治者，老年女性	珠14	/	/	遼寧省文物考古研究所、阜新市文物組：《阜新南皂力營子一號遼墓》，《遼海文物學刊》1992.1
柳條溝	中前期	小型墓	佩2	/	/	馮永謙：《北票柳條溝遼墓》，《中國考古集成·東北卷》北京：北京出版社，1997
喀左北嶺 M1	中期	被盜，老年	珠若干、瓜子形項串若干	/	/	武家昌：《喀左北嶺遼墓》，《遼海文物學刊》1981 創刊號
彰武朝陽溝 M3	聖宗、興宗時期	被盜，夫妻合葬	珠5（瓔珞串飾）	/	/	李宇峰等：《彰武朝陽溝遼代墓地》，《遼寧考古文集》（遼寧省文物考古研究所編）潘陽：遼寧民族出版社，2003

耶律宗教	1053	多次被盜	獅子1、珠1	/	魯寶林、辛法、吳鵬、馮永謙：《北鎮遼耶律宗教墓》，《遼海文物學刊》1993.2
彰武朝陽溝 M1	晚期	被盜、單人葬、蕭氏	魚形佩飾1、桃形或心形佩飾4	/	李宇峰等：《彰武朝陽溝遼代墓地》，《遼寧考古文集》（遼寧省考古研究所編）瀋陽：遼寧民族出版社，2003
喀左北嶺 M3	晚期	被盜、老年	菊花佩飾珠	/	武家昌：《喀左北嶺遼墓》《遼海文物學刊》1981創刊號
紅帽子鄉塔地宮	晚期	/	葉狀佩盒1、珠1	/	趙振生：《阜新縣紅帽子鄉遼塔地宮清理記》，《阜新師專學報》1992.2
阜新四家子 M1	晚期	蕭氏、被盜（銅絲臂網、手網）	珠2	/	梁振晶：《阜新四家子遼墓清理簡報》，《遼寧考古文集》（遼寧省考古研究所編）瀋陽：遼寧民族出版社，2003
馬家溝	晚期	被盜、合葬	梅花、石榴、蟠桃等5件（其中兩件有穿孔）	/	呂學明、朱達：《凌源馬家溝遼墓清理簡報》，《遼寧考古文集》（遼寧省考古研究所編）瀋陽：遼寧民族出版社，2003
葉茂臺 M19	末期	契丹貴族、被盜（銅絲網絡）	珠5、動物雕飾1、花型雕飾1	/	馬洪路、孟慶忠：《法庫葉茂臺19號遼墓發掘簡報》，（孫進己等主編）《中國考古集成·東北卷》北京：北京出版社，1997

庫倫 M5	末期	蕭氏開散富翁、被盜	魚1（頭矢）	/	/	哲里木盟博物館、內蒙古文物工作隊：《庫倫旗第五、六號遼墓》，（孫進己等主編）《中國考古集成·東北卷》北京：北京出版社，1997
喀喇沁旗山嘴	/	/	大量琥珀珠、荷花佩飾1、葉果實佩飾1、刀柄1、串珠1	/	/	資料未發表

附錄四　遼以前出土琥珀情況簡表

名　稱	數量	朝　代	墓葬地點	文獻來源	題　材
琥珀墜飾	1	商及以前	廣漢三星堆一號祭祀坑	四川省文物考古研究所：《三星堆祭祀坑》，北京：文物出版社，1999	蟬紋
琥珀珠	1	商	山西	吳振錄：《保德縣新發現的殷代青銅器》，《文物》1972.4	／
樹脂製虎形飾	1	春秋戰國	河北省唐山市賈各莊	安志敏：《河北省唐山市賈各莊發掘報告》，《考古學報》1953.Z1	虎
琥珀珠	5	戰國	紹興	浙江省文物管理委員會、浙江省文物考古所、紹興地區文化局、紹興市文物管理委員會：《紹興 306 號戰國墓發掘簡報》，《文物》1984.1	／
琥珀珠	／	東周	河南陝縣	黃河水庫考古隊：《1957 年河南陝縣發掘簡報》，《考古通訊》1958.11	／

名稱	數量	時代	地點	出處	備註
琥珀珠	5	西周至戰國	雲南楚雄萬家壩	雲南省文物工作隊：《楚雄萬家壩古墓群發掘報告》，《考古學報》1983.3	/
琥珀珠飾	/	春秋戰國	寧夏固原於家莊	寧夏文物考古研究所：《寧夏固原於家莊古墓地發掘簡報》，《華夏考古》1991.3	/
琥珀質器	/	漢	薊縣別山	天津市歷史博物館考古隊：《薊縣別山漢代墓地》，《中國考古年鑒·1989》1990	/
小方形琥珀、穿孔琥珀小鳥	2	漢	河北懷安耿家屯	《河北懷安耿家屯清理了兩座西漢墓葬》，《文物參考資料》1954.12	/
串珠（由琥珀等材質串成）	/	漢	內蒙古扎賚諾爾	鄭隆：內蒙古扎賚諾爾古墓群調查記》，《文物》1961.9	/
琥珀珠	/	漢	內蒙察右後旗趙家房村	蓋山林：《內蒙古察右後旗趙家房村發現匈奴墓群》，《考古》1977.2	/
琥珀珠	20	漢	內蒙古伊克昭盟西溝畔	伊克昭盟文物工作站、內蒙古文物工作隊：《西溝畔漢代匈奴墓地調查記》，《鄂爾多斯考古文集》1998	/
琥珀珠	2	漢	遼寧錦州	劉謙：《遼寧錦州漢代貝殼墓》，《考古》1990.8	/
琥珀珠	1	漢	遼寧蓋縣	許玉林：《遼寧蓋縣東漢墓》，《文物》1993.4	/
琥珀珠	13	漢	江蘇南京銅山	南京博物院：《銅山小龜山西漢崖洞墓》，《文物》1973.4	/
琥珀耳瑱	1	漢	江蘇丹陽	鎮江市博物館、丹江口文化館：《江蘇丹陽東漢墓》，《考古》1978.3	/
琥珀墜飾	1	西漢	江蘇徐州	徐州博物館：《徐州石橋漢墓清理報告》，《文物》1984.11	/
琥珀印	1	西漢晚期	江蘇邗江	揚州博物館：《江蘇邗江縣姚莊102號漢墓》，《考古》2000.4	印

品名	數量	時代	地點	出處	
琥珀蟬	/	東漢	江蘇徐州	徐州市博物館：《徐州市屯里拉犁山東漢石室墓》，《中國考古學年鑒‧1986》1988	蟬
琥珀掛飾、琥珀雙鴿	/	東漢	江蘇邗江	南京博物院：《江蘇邗江甘泉二號漢墓》，《文物》1981.11	雙鴿
琥珀飾	5	東漢	安徽壽縣	安徽省文化局文物工作隊、壽縣博物館：《安徽壽縣茶庵馬家古堆東漢墓》，《考古》1966.3	/
琥珀雕飾	1	漢	安徽亳縣	安徽亳縣博物館：《亳縣曹操宗族墓葬》，《文物》1978.8	虎
琥珀裝飾品	4	東漢	江西南昌	稱應杯：《江西南昌市區漢墓葬發掘簡報》《文物資料叢刊1》1977	伏虎‧印
琥珀飾品	/	東漢中期	江西南昌	江西省博物館：《江西南昌東漢、東吳墓》，《考古》1978.3	/
琥珀扁圓珠	3	東漢	山東平原縣	平原縣圖書館：《山東平原王韓村漢墓》，《文物資料叢刊‧10》1987	/
琥珀	3	東漢	河南南陽	河南省文化局文物工作隊：《南陽漢代石刻墓》，《文物參考資料》1958.10	/
橢形琥珀飾	4	漢	河南洛陽	洛陽區考古發掘隊：《洛陽燒溝漢墓》1959年	/
琥珀佩飾	5	漢	河南洛陽	中國科學院考古研究所洛陽發掘隊：《洛陽西郊漢墓發掘報告》，《考古學報》1963.2	伏獸
琥珀珠	1	東漢晚期	河南洛陽	洛陽市文物工作隊：《洛陽東關夾馬營路東漢墓》，《中原文物》1984.3	/
琥珀珠	4	戰國兩漢	湖北宜昌	湖北省博物館：《宜昌前坪戰國兩漢墓》，《考古學報》1976.2	/
琥珀串珠	2	東漢	湖北鄖縣	湖北省博物館：《湖北鄖縣磚瓦廠的兩座東漢墓》，《江漢考古》1986.2	/

名稱	數量	年代	地點	出處	備註
琥珀珠	/	東漢	湖南衡陽	《衡陽苗圃蔣家山古墓清理簡報》，《文物參考資料》1954.6	/
琥珀小珠	/	東漢末	湖南長沙	李正光：《長沙五家嶺楊家公山發現東漢磚室墓》，《文物參考資料》1955.4	/
琥珀珠	11	東漢	湖南長沙	高至喜：《長沙漢墓中發現盜賣物質》，《文物參考資料》1956.2	/
琥珀	/	東漢	湖南耒陽	湖南省文物管理委員會：《湖南耒陽東漢墓清理簡報》，《考古通訊》1956.4	混合材質串珠
琥珀珠	/	東漢	湖南長沙	中國科學院考古研究所：《長沙發掘報告》，1957	/
琥珀珠	16	東漢	湖南長沙	張中一：《長沙東屯渡清理了一座東漢磚室墓》，《文物》1960.5	/
琥珀	8	東漢	湖南長沙	湖南省博物館：《長沙五里牌附古墓葬清理簡報》，《文物》1960.3	獸形、龜形
琥珀珠	8	東漢	湖南零陵	周世榮：《湖南零陵出土的東漢墓》，《考古》1964.9	獸形
琥珀飾	2	東漢	湖南資興	湖南省博物館：《湖南資興東漢墓》，《考古學報》1984.1	/
琥珀飾	1	東漢	湖南大庸	湖南省文物考古研究所、湘西自治州文物工作隊、大庸市文物管理所：《湖南大庸東漢磚墓》，《考古》1994.12	司南
琥珀飾	6	東漢	湖南常德	湖南省博物館：《湖南常德東漢墓》，《考古學集刊·1》1997	伏虎、獅
琥珀珠	1	東漢	廣東廣州	廣州市文物管理委員會：《廣州東郊沙河漢墓發掘簡報》，《文物》1961.2	/
琥珀珠飾	/	東漢	廣東徐聞	廣東省博物館：《廣東徐聞東漢墓——兼論漢代徐聞的地理位置和海上交通》，《考古》1977.4	/

琥珀種類	數量	時代	地點	資料來源	象生形狀
琥珀、琥珀珠	3	東漢後期	廣東廣州	廣州市文物管理委員會、廣州市博物館:《廣州漢墓》,1981	/
琥珀珠	7	東漢	廣東高州	鍾紹益、劉明覽:《廣東高州軍瑉後發現兩座東漢墓》,《文物資料叢刊·10》1987	/
琥珀珠、琥珀獸形飾	1+1	漢	廣東順德	廣東省博物館、順德縣博物館:《廣東順德縣墓的調查和清理》,《文物》1991.4	獅、虎
琥珀	/	東漢	廣東番禺	廖明全、張強祿:《番禺市屏山二村東漢墓群和明代村落遺址》,《中國考古學年鑒·1999》2001	/
琥珀珠	13	西漢	廣西貴縣	何乃漢:《廣西貴縣東湖兩漢墓的清理》,《廣西文物考古報告集 1950~1990》1993	獸形
琥珀珠、琥珀珠、琥珀指環	57+ 141+1	兩漢	廣西貴縣	廣西壯族自治區文物管理委員會:《廣西貴縣漢墓的清理》,《考古學報》1957.1	/
琥珀佩飾片、琥珀印章	5+1	西漢晚期	廣西合浦	廣西壯族自治區考古寫作小組:《廣西合浦西漢木槨墓》,《廣西文物考古報告集·1950~1990》1993	/
琥珀	6	西漢晚期	廣西合浦	廣西壯族自治區文物工作隊:《廣西合浦縣堂排漢墓發掘簡報》,《文物資料叢刊·4》1981	/
琥珀珠	2	漢	廣西貴縣	廣西壯族自治區博物館:《廣西貴縣羅泊灣漢墓》,1988	/
琥珀	/	西漢晚期	廣西合浦	廣西壯族自治區文物工作隊、合浦縣博物館:《合浦縣廉州炮竹廠西漢晚期墓》,《中國考古學年鑒·1986》1988	/
琥珀珠	5	東漢	廣西昭平	廣西壯族自治區博物館、昭平縣文物管理所:《廣西昭平東漢墓》,《考古學報》1989.2	/
琥珀	/	漢	廣西合浦	廣西壯族自治區文物工作隊、合浦縣博物館:《合浦縣文昌塔嶺漢墓》,《中國考古學年鑒·1988》1989	/

名稱	數量	年代	地點	出處	備註
琥珀	/	漢	廣西合浦	廣西壯族自治區文物工作隊、合浦縣博物館：《合浦縣文昌塔墓群》，《中國考古學年鑒·1989》1990	/
琥珀串珠	3	東漢早期	廣西合浦	合浦縣博物館：《廣西合浦豐門嶺 10 號漢墓發掘簡報》，《考古》1995.3	/
琥珀珠	28	東漢	廣西合浦	廣西文物工作隊、合浦縣博物館：《廣西合浦母豬嶺東漢墓》，《考古》1998.5	/
琥珀扣飾	1	東漢	四川涼山	涼山彝族自治州博物館：《四川涼山西昌發現東漢、蜀漢墓》，《考古》1990.5	蟬
琥珀飾件、琥珀獅	1+1	東漢晚期	四川綿陽	何志國：《四川綿陽何家山 2 號東漢崖墓清理簡報》，《文物》1991.3	獅等
琥珀珠	/	西漢至東漢初年	貴州清鎮	貴州省博物館：《貴州清鎮平壩漢至宋墓發掘簡報》，《考古》1961.4	/
琥珀	/	西漢末至東漢	貴州清鎮	貴州省博物館：《貴州清鎮平壩漢墓發掘報告》，《考古學報》1959.1	/
琥珀墜	1	漢	貴州安順	貴州省博物館、嚴平：《貴州安順寧谷漢墓》，《文物資料叢刊·4》1981	/
琥珀飾	/	東漢	貴州興仁縣	貴州省博物館考古隊、興仁縣文物管理所：《興仁縣交樂東漢墓》，《中國考古學年鑒·1988》1989	/
琥珀珠	5	東漢	雲南昭通	雲南省文物工作隊：《雲南昭通桂家院子東漢墓發掘》，《考古》1962.8	/
琥珀	10	西漢晚期	陝西咸陽	咸陽市博物館：《陝西咸陽馬泉西漢墓》，《考古》1979.2	印·虎
琥珀	4	漢	陝西漢中	漢中市博物館何新成：《陝西漢中市鋪鎮磚廠漢墓清理簡報》，《考古與文物》1989.6	動物

名稱	數量	年代	出土地	出處	備註
琥珀小件裝飾	/	西漢	陝西西安	程林泉、韓國河：《西安北郊漢墓發掘的收穫》，《中國文物報》1994.6.26	/
琥珀獸	/	東漢	陝西咸陽	《咸陽市東漢墓》，《中國考古學年鑒·1999》2001	獸
雕臥虎形琥珀珠	7	東漢	甘肅武威	甘博文：《甘肅武威雷臺東漢墓清理簡報》，《文物》1972.2	臥虎
串珠	11	西漢	陝西	韓保全：《西安北郊棗園漢墓發掘簡報》，《考古與文物》1991.4	/
珠	/	西漢	雲南	楊帆：《雲南南華縣孫家屯墓地發掘簡報》，《考古》2001.12	/
琥珀飾	3	西漢末東漢初	貴州	《赫章可樂發掘報告》，《考古學報》1986.2	伏虎、鈁、扁壺
墜飾、珠	/	東漢	遼寧	許玉林：《遼寧蓋縣東漢墓》，《文物》1993.4	墜飾鮮狀
琥珀飾	5	東漢	雲南	《中國出土玉器全集 12·雲南貴州西藏》，2001	獸、勝形
獅形飾	2	東漢晚期	貴州	《貴州安順寧谷發現東漢墓》，《考古》1972.2	爬獅
水滴狀耳墜	1	東漢晚期	陝西	郭清華：《陝西勉縣老道寺漢墓》，《考古》1985.5	水滴
琥珀飾	24	東漢晚期	河北	《河北定縣 43 號漢墓發掘簡報》，《文物》1973.11	鳥獸蛙等
壺形飾、方勝形飾	2	漢	江蘇	《漢廣陵國王器》，北京：文物出版社，2003	/
珠	11	漢	河南	郝紅星等：《河南華義市新華小區漢墓發掘簡報》，《華夏考古》2001.4	/
獸形飾	3	漢	江蘇	《漢廣陵國王器》，北京：文物出版社，2003	/
臥獸形飾	/	漢	雲南	《中國出土玉器全集 12·雲南貴州西藏》，北京：科學出版社，2005	/
琥珀珠	8	東漢	甘肅武威	甘肅省博物館：《武威雷臺漢墓》，《考古學報》1974.2	/

琥珀飾	20	漢晉	青海上孫家寨	青海省文物考古研究所：《上孫家寨漢晉墓》，1993	/
鑲琥珀金飾	1	東魏	河北磁縣	磁縣文化館：《河北磁縣東魏茹茹公主墓發掘簡報》，《文物》1984.4	花蔓間
琥珀獸	5	北齊	山西太原	山西省考古研究所、太原市文物管理委員會：《太原市北齊婁叡墓發掘簡報》，《文物》1983.10	獸
琥珀獅、琥珀珠	1+2	東漢晚期至西晉	內蒙古科左中旗	張柏忠：《內蒙古科左中旗六家子鮮卑墓群》，《考古》1989.5	獅
琥珀珠	/	晉	江蘇南京	南京市文物保管委員會：《南京中華門外晉墓清理》，《考古》1961.6	/
琥珀珠	4	東晉	江蘇南京	南京市文物保管委員會：《南京象山東晉王丹虎墓和二、四號墓發掘簡報》，《文物》1965.10	/
琥珀珠	3	三國兩晉南北朝	江蘇南京	南京市博物館：《南京象山5號、6號、7號墓清理簡報》，《文物》1972.11	/
琥珀管狀飾	2	南朝	江蘇丹陽	南京博物院：《江蘇丹陽胡橋南朝大墓及磚刻壁畫》，《文物》1974.2	/
琥珀珠	1	西晉	江蘇南京	南波：《南京西崗西晉墓》，《文物》1976.3	/
琥珀辟邪小飾件	1	東晉	江蘇南京	南京市博物館：《南京北郊郭家山東晉墓葬發掘簡報》，《文物》1981.12	辟邪
琥珀魚形飾	1	東晉	江蘇南京	南京市博物館：《南京北郊東晉墓發掘簡報》，《考古》1983.4	魚
琥珀辟邪	2	東晉	江蘇鎮江	鎮江博物館、劉建國：《鎮江東晉墓》，《文物資料叢刊8》1983	辟邪
琥珀動物飾	3	東晉	江蘇南京	南京博物院：《南京幕府山東晉墓》，《文物》1990.8	蛙、蟬

名稱	數量	年代	出土地點	資料來源	備註
琥珀掛飾	/	六朝		南京市博物館：《六朝家族墓地考古有重大收穫》，《中國文物報》1999.1.17	/
琥珀小掛件	/	東晉	南京市	張金喜：《南京市仙鶴觀東晉高崧家族墓》，《中國考古學年鑒·1999》2001	/
琥珀飾物	2	晉	浙江省黃岩秀嶺水庫	浙江省文物管理委員會：《黃岩秀嶺水庫古墓發掘報告》，《考古學報》1958.1	/
琥珀珠	/	漢末至六朝初年	安徽霍邱	安徽省博物館清理小組、胡悅謙、王步藝、馬人權：《霍邱張家崗古墓發掘簡報》，《文物參考資料》1958.1	/
琥珀珠	2	西晉	湖南長沙	劉廉銀：《湖南長沙左家塘西晉墓》，《考古》1963.2	/
琥珀珠	2	東吳	湖南常德	周能：《湖南常德東吳墓》，《考古》1992.7	/
琥珀	28	南朝	廣西梧州市	梧州市博物館：《廣西壯族自治區梧州市富民坊南朝墓》，《考古》1983.9	/
琥珀飾	1	南朝	廣西桂林	桂林市文物工作隊：《桂林市東郊南朝墓清理簡報》，《考古》1988.5	/
琥珀佩珠	/	六朝	貴州平壩縣	貴州省博物館：《貴州平壩縣尹關六朝墓》，《考古》1959.1	/
琥珀飾	21	東晉南朝	貴州平壩縣	貴州省博物館考古組：《貴州平壩馬場東晉南朝墓發掘簡報》，《考古》1973.6	/
琥珀墜	2	東晉中晚期	陝西華陰	夏振英：《陝西華陰縣晉墓清理簡報》，《考古與文物》1984.3	/
琥珀珠	2	晉	甘肅敦煌	甘肅省敦煌縣博物館：《敦煌佛爺廟灣五涼時期墓葬發掘簡報》，《文物》1983.10	/
琥珀串珠	10	曹魏至西晉	甘肅嘉峪關	甘肅省文物工作隊、甘肅省博物館、嘉峪關市文物管理所：《嘉峪關壁畫墓發掘報告》，1985	/

名稱	數量	朝代	地點	出處	備註
琥珀珠	5	魏晉	甘肅武威	武威地區博物館：《甘肅武威南灘魏晉墓》，《文物》1987.9	/
琥珀珠	1	北魏	寧夏固原	固原縣文物工作站：《寧夏固原北魏墓清理簡報》，《文物》1984.6	/
琥珀蟬、琥珀珠	3+76	北周	寧夏固原	寧夏回族自治區博物館、寧夏固原博物館：《寧夏固原北周李賢夫婦墓發掘簡報》，《文物》1985.11	/
琥珀飾	3	北魏	山西	《大同市北魏宋紹祖墓發掘簡報》，《文物》2001.7	/
琥珀力士	1	北齊	山西	王克林：《北齊庫狄迴洛墓》，《考古學報》1979.3	獸面人身雕像
琥珀飾珮	2	唐	陝西	新潟縣立現代美術館、朝日新聞社文化企劃局、博報堂『中国の正倉院法門寺地下宮殿の秘宝「唐皇帝からの贈り物」』展図録、東京：大家巧藝社、1999	璏珮
琥珀飾品	/	隋	西安西郊	唐金裕：《西安西郊隋李靜訓墓發掘簡報》，《考古》1959.9	/
琥珀	10	唐	陝西西安	陝西省博物館、文物管理委員會寫作小組：《西安南郊何家村發現唐代窖藏文物》，《文物》1972.1	藥物（服用）
琥珀飾	1	隋	隋李靜訓墓	中國社會科學院考古研究所：《唐長安城郊隋唐墓》，1980	/
琥珀	2	隋	陝西西安	鄭洪春：《西安東郊隋舍利墓清理簡報》，《考古與文物》1988.1	圓瓶形
琥珀珠飾	1	隋	陝西咸陽渭城區北杜鎮鄧方村	陝西省考古研究院、咸陽市文物考古研究所：《陝西咸陽隋鹿善菩夫婦墓發掘簡報》，《考古與文物》2013.4	六瓣花型
琥珀雕件	5	唐	陝西西安南郊曲江鄉孟村	陝西省考古研究院：《唐李倕墓發掘簡報》，《考古與文物》2015.6	人物、鸞鳥、鴛鴦、雀鳥
琥珀	147	唐	河南	洛陽市第二文物工作隊：《伊川鴉嶺唐齊國太夫人墓》，《文物》1995.11	/

名稱	數量	時期	出土地點	出處
琥珀	1	渤海中晚期	黑龍江省寧安縣	寧安縣文物管理所、渤海鎮公社土檔子大隊:《黑龍江省寧安縣出土的舍利函》,《中國考古集成‧東北卷　兩晉—隋唐(三)》1978
蜜蠟飾件	1	五代	江蘇邗江	揚州博物館:《江蘇邗江蔡莊五代墓清理簡報》,《文物》1980.8
琥珀	2	五代前蜀	四川	馮漢驥:《前蜀王建墓發掘報告》,北京:文物出版社:1964
琥珀珠	4	前燕	遼寧	梨樹渤:《遼寧北票縣西官營子北燕馮素弗墓》,《文物》1973.3
琥珀珠	1	宋	河南洛陽	洛陽市第二文物工作隊:《洛陽邙山宋代壁畫墓》,《文物》1992.12
琥珀印	1	北宋	江蘇	《蘇州市瑞光寺塔發現一批五代、北宋文物》,《文物》1979.11
琥珀珠	11	北宋	江蘇	宜興利橋出土,南京博物館藏
琥珀塔	1	大理國	雲南	《中國出土玉器全集 12‧雲南貴州西藏》,北京:科學出版社,2005
琥珀串珠	/	宋金時期	新疆維吾爾自治區	《曹鎏主動上交珍貴出土文物》,《中國文物報》1987.8

後　記

　　本書是以我的碩士學位論文為基礎進一步修改完成的。在此期間，要特別感謝張鵬老師、周峰老師在學術以及生活上對我的教導和關心，二位恩師為我解疑釋惑，引領我踏入歷史學的大門。同時，非常感謝曾給予我鼓勵、與我共同進步的至交好友，他們在我感到迷茫和困頓的時刻帶給我許多溫暖與幫助。此外，還有眾多對我充滿善意或施以援手的老師和同學，在此一併致謝。最後，衷心感謝我的父母，是他們令我擁有探淵索珠的勇氣，我深摯地愛著他們，並希望他們為我人生旅途中所經歷的風雨得失感到欣慰和自豪。

2024 年 2 月 29 日

於家中